财政支持政策对企业参与校企合作投资影响研究

崔 丹 著

中国纺织出版社有限公司

内 容 提 要

我国职业教育面临"技工荒"与大学生就业难的矛盾，校企合作成为重要解决方案。本书研究财政贴息、政府购买服务和抵免教育专项基金三项政策对企业参与校企合作投资的影响，揭示政策杠杆效应、成本补偿机制及机会成本补偿作用，为完善职业教育财政支持体系提供理论依据与实践参考。

图书在版编目（CIP）数据

财政支持政策对企业参与校企合作投资影响研究 / 崔丹著 . -- 北京：中国纺织出版社有限公司 , 2025. 8.
ISBN 978-7-5229-2826-5

Ⅰ. F812.0；F279.23

中国国家版本馆 CIP 数据核字第 2025UW6393 号

责任编辑：房丽娜　　责任校对：王花妮　　责任印制：储志伟

中国纺织出版社有限公司出版发行
地址：北京市朝阳区百子湾东里 A407 号楼　邮政编码：100124
销售电话：010—67004422　传真：010—87155801
http://www.c-textilep.com
中国纺织出版社天猫旗舰店
官方微博 http://weibo.com/2119887771
北京印匠彩色印刷有限公司印刷　各地新华书店经销
2025 年 8 月第 1 版第 1 次印刷
开本：710×1000　1/16　印张：10.5
字数：180 千字　定价：98.00 元

前　言

近年来，校企合作是发展职业教育的一种重要方式，而财政支持政策对企业参与校企合作投资具有重要的影响和激励作用。然而，20世纪90年代末，伴随着我国职业教育体制的不断改革，计划经济时期的国有企业技工学校逐渐退出了职业教育领域，取而代之的是政府公办职业院校和私立民办职业院校，随之，企业的实践教学资源与职业教育发生了产权分离。比较而言，分散的企业职业教育不具有人才培养的广泛性与通识性，集中的高职院校教育能够有效地克服企业职业教育的弊端与不足，并充分发挥社会分工与市场化运作的比较优势。然而，职业教育的自然属性又决定了高职院校无法脱离企业的实践教学资源，否则职业教育的人才培养就可能出现供给侧与需求侧的相互错位。由此我国职业教育始终倡导"理实一体化"的办学理念，通过加强校企合作培养职业技能人才，来充分发挥职业教育在"稳就业"和"保就业"方面的积极作用。

激励企业参与校企合作投资是促进职业教育发展与人才培养的重要环节。为此，我国陆续出台了一系列政策文件。党的十九大报告指出要"完善职业教育和培训体系，深化产教融合、校企合作"。2017年12月，中共中央办公厅、国务院办公厅印发《关于深化产教融合的若干意见》，强调要"深化校企协同、合作育人"，同时，要求各级财政、税务部门落实相关优惠政策以调动企业参与校企合作的积极性和主动性。2018年2月，教育部、国家发改委、工业和信息化部、财政部、人力资源和社会保障部、国家税务总局联合发布《职业学校校企合作促进办法》，提出"鼓励各地通过政府和社会资本合作、贴息贷款、购买服务等形式来支持校企合作"。2019年1月，国务院印发《国家职业教育改革实施方案》，规定"企业可利用资本、技术、知识等要素参与校企合作投资"。2019年4月，国家发改委、教育部共同印发的《建设产教融合型企业实施办法（试行）》，规定给予企业"金融＋财政＋土地＋信用"的组合式政策激励，旨在引导企业参与校企合作投资。随即，国家财政部实施《关于调整部分政府性基金有关政策的通知》，指出产教融合型企业可享受"投资抵免教育专项基金"政策。2022年10月，党的二十大报告提出，要"统筹职业教育、高等教育、继续教育协同创新，推进职普融通、产教融合、科教融汇，优化职业教育类型定位"。2022年12

月，中共中央办公厅、国务院办公厅印发《关于深化现代职业教育体系建设改革的意见》，进一步提出要探索地方政府和社会力量支持职业教育发展投入的新机制。从上述政策文件可以看出，推动职业教育的校企合作与财政激励政策之间具有密切的关联性，基于此，研究财政支持政策对企业参与校企合作投资的影响具有重要的理论意义和应用价值。

已有文献大多侧重于财政支持政策对企业参与校企合作投资的直接影响研究，而从财政支持政策体系的角度，对不同财政支持政策类型影响企业参与校企合作投资的研究还不够深入，显然，这不利于全面解读财政支持政策的实施效应。根据产教融合实训基地的项目实施周期，企业参与校企合作涉及项目建设期投资和项目运营期投资两个方面。在项目建设期，企业的各类固定资产投资需要财政部门通过配套贴息贷款予以支持。在项目运营期，企业需要支付实践教学服务的材料费、人工费及维护费，通过政府购买服务能够对企业的这些显性投资成本予以补偿。此外，企业参与校企合作投资还涉及选择的机会成本，即主营业务与校企合作的投资收益差额。为了补偿企业参与校企合作投资的机会成本，需要实施投资抵免教育专项基金政策。鉴于此，本书着眼于这三个财政支持政策对企业参与校企合作投资的影响进行拓展性研究，即财政贴息对企业参与校企合作项目建设期投资的影响，政府购买服务对企业参与校企合作运营期投资的影响，以及抵免教育专项基金对企业参与校企合作投资机会成本的影响。通过理论分析与实证检验，本书得出以下三点主要结论。

①财政贴息对企业投资能够产生杠杆效应。实证结果表明，财政贴息对企业投资会产生挤入效应并形成数倍的企业投资，即不仅能直接促进企业投资，还能通过改善企业融资约束提高企业投资能力而间接促进企业投资。贴息方式、贴息参考贷款利率及贴息支付期的合理选择对企业投资的异质性具有重要影响。

②政府购买服务能够有效补偿企业参与校企合作项目运营期投资的显性成本。实证结果表明，政府购买服务能够提升企业投资能力并改善企业投资倾向。通过对比分析发现，院校联合集中购买组织形式下政府购买服务对不同地区、不同行业及不同经营状况企业投资的异质性影响较小。

③抵免教育专项基金能够通过补偿企业投资的机会成本来促进企业参与校企合作项目建设期和运营期投资。实证结果表明，抵免教育专项基金能够提升财政贴息政策的实施效应和政府购买服务政策的实施效应。异质性检验结果表明，若企业所在行业的平均销售毛利率较高，或企业经营导致即期没有足够的应纳教育专项基金用于政策抵免，那么抵免教育专项基金政策的实施效应就会被削弱。

相比已有研究，本书研究的创新点主要体现在以下三个方面。

①财政贴息实施效应的创新性研究。已有文献大多都基于校内实训教学现

状和问题，提出应加强校企合作共建实训基地项目，并建议政府给予贴息贷款支持，但对财政贴息实施效应的研究还不够充分。本书基于不同地区、不同行业发展水平及不同企业经营状况，深入全面地研究财政贴息对不同企业投资的异质性影响。通过构建中介效应模型，验证了贴息比例、贴息方式、贴息参考利率及贴息支付期的合理选择能够缩小财政贴息实施的异质性影响，以期为完善财政贴息政策提供经验证据。

②政府购买服务实施效应的创新性研究。已有文献侧重于分析校企合作人才培养的利益冲突及外部性问题，提出实践教学外包服务的经济利益能够促进企业参与校企合作投资，但对政府购买服务实施效应的研究还不够充分。本书基于不同地区、不同行业发展水平及不同企业经营状况，深入系统研究政府购买服务对不同企业投资的异质性影响。通过构建中介效应模型，验证了购买定价、购买方式及购买组织形式的合理选择能够进一步缩小政府购买服务实施的异质性影响，以期为我国规范政府购买服务提供参考依据。

③抵免教育专项基金实施效应的创新性研究。已有文献对政策实施的缘由、现状与问题及建议展开了丰富研究，但对政策实施效应的研究还不够充分。本书围绕企业参与校企合作投资的机会成本补偿问题，探讨现有抵免教育专项基金政策对不同地区、不同行业及不同经营状况企业投资的异质性影响。通过构建中介效应模型，验证了 30% 的投资抵免率和投资抵免方式所存在的局限性和相对不足，以期为我国进一步完善现有教育专项基金政策提供参考依据。

崔丹

2024 年 10 月

目　录

1 绪 论

1.1 选题背景及研究意义

1.1.1 选题背景

近年来校企合作是发展职业教育的一种方式，而财政支持政策对企业参与校企合作投资具有积极的作用，也是"稳就业"和"保就业"的重要举措。然而，20世纪90年代末，伴随我国职业教育体制的不断改革，计划经济时期的国有企业技工学校已逐渐退出了职业教育领域，取而代之的是政府公办职业院校和私立民办职业院校。随之，企业的实践教学资源与职业教育发生了产权分离。比较而言，分散的企业职业教育不具有人才培养的广泛性与通识性，而集中的高职院校教育能够有效克服企业职业教育的弊端与不足，并充分发挥社会分工与市场化运作的比较优势。然而，职业教育的自然属性决定了高职院校无法脱离企业的实践教学资源，否则，职业教育的人才培养就可能出现供给侧与需求侧的相互错位。

为了进一步调整高职院校的人才供给结构并提高人才培养质量，规范培育产教融合型企业，促进企业参与校企合作投资并提供实践教学服务，我国陆续出台了一系列政策支持文件。党的十九大报告指出要"完善职业教育和培训体系，深化产教融合、校企合作"。2017年12月19日，中共中央办公厅、国务院办公厅印发《关于深化产教融合的若干意见》，强调要"深化校企协同、合作育人"，同时，要求各级财政、税务部门落实相关优惠政策以调动企业参与校企合作的积极性和主动性。2018年2月，教育部、国家发改委、工业和信息化部、财政部、人力资源和社会保障部、国家税务总局联合发布《职业学校校企合作促进办法》，提出"鼓励各地通过政府和社会资本合作、贴息贷款、购买服务等形式来支持校企合作"。2019年1月，国务院印发《国家职业教育改革实施方案》，明确规定"企业可利用资本、技术、知识等要素参与校企合作投资"。2019 年 4 月，国家发改委、教育部共同印发的《建设产教融合型企业实施办法（试行）》，规定给予企业"金融＋财政＋土地＋信用"的组合式政策激励，旨在引导企业参与校企合作投资。随即，国家财政部颁布《关于调整部分政府性基金有关政策的通知》，指出产教融合型企业可享受"投资抵免教育专项基金"政策。2022 年 10 月，党的二十大报告提出，要"统筹职业教育、高等教育、继续教育协同创新，推进职普融通、产教融合、科教融汇，优化职业教育类型定位"。2022 年 12 月，中共中央办公厅、国务院办公厅印发《关于深化现代职业教育体系建设改革的意见》，进一步提出要探索地方政府和社会力量支持职业教育发展投入的新机制。

近年来，我国公办高职院校在办学规模与就业率方面均取得显著成效。从 2002 年到 2022 年，我国公办高职院校由 442 所上升为 1468 所（图 1-1），占普通高校（含普通高职院校）的比重在 50%～60%。同时，招生数量也呈现同步上升态势（图 1-2），20 年间增长了 10.76 倍。在就业率方面，高职院校毕业生的就业率始终保持在 90% 以上，且专业对口就业率连续稳定在 70% 以上。❶ 公办高职院校的发展得益于校企合作，截至 2022 年，校企共建产教融合实训基地 2.49 万个，年均增长率约为 8.6%。❷

产教融合实训基地项目建设得到了相关财政政策支持。根据产教融合实训基地的项目实施周期，企业参与校企合作涉及项目建设期投资和项目运营期投资两个方面。在项目建设期，对企业的各类固定资产投资需要财政部门通过配套的贴息贷款予以支持。在项目运营期，企业需要支付实践教学服务的材料费、人工费及维护费，通过政府购买服务能够对企业的显性投资成本予以补偿。此外，为了补偿企业参与校企合作投资的机会成本，我国又实施了投资抵免教育专项基金政策。目前，财政支持政策的实施还存在一定的问题，主要表现在政策优惠方式不够灵活、政策优惠标准过于简单，以及政策优惠实施缺乏弹性等。

❶ 数据来源于 2022 年《中国职业教育发展白皮书》。
❷ 数据来源于 2022 年国家教育部新闻发布会。

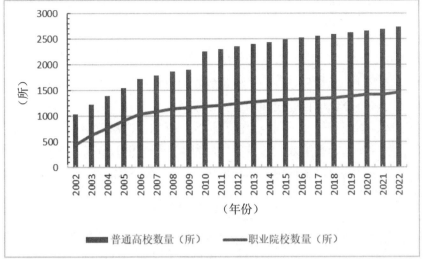

图 1-1　2002 ～ 2022 年我国高职院校的发展规模

（数据来源：2022 年中国统计年鉴 21-5 各级各类学校情况）

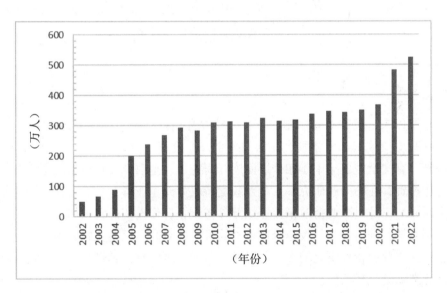

图 1-2　2002 ～ 2022 年我国高职院校的招生情况（万人）

（数据来源：2022 年中国统计年鉴 21-7 各级各类学校招生情况）

从上述分析中可以看出，财政支持政策与企业参与校企合作投资之间存在一定的逻辑关联性。鉴于企业参与校企合作投资在促进职业教育发展与实施国家积极就业方面的重要作用，以及当前财政支持政策存在的不相适应表现，深入全面研究财政支持政策对企业参与校企合作投资的影响就具有重要的理论意义和应用价值。

1.1.2　研究意义

（1）理论意义

本书从三个不同的财政支持政策维度阐释了财政贴息、政府购买服务与抵免教育专项基金对企业参与校企合作投资的作用机理，搭建了研究财政支持政策影响企业参与校企合作项目建设期和运营期投资的成本补偿问题的基本框架，并基于不同地区、不同行业及不同企业经营状况，分别探讨财政贴息、政府购买服务及抵免教育专项基金政策效应的异质性，为深入研究财政支持政策对企业参与校企合作投资的影响提供了理论基础，拓展了财政支持政策对企业参与校企合作投资影响的理论认知。

（2）应用价值

本书通过归纳分析我国财政贴息、政府购买服务及抵免教育专项基金政策的实施现状，以及在影响企业参与校企合作投资方面存在的问题，结合国外经验提出了相应的启示，为我国完善相关财政支持政策提供了方向。此外，本书对财政贴息、政府购买服务及抵免教育专项基金政策影响企业参与校企合作投资的效应还进行了实证分析，并基于研究结论分析可能原因，为切实发挥财政支持政策对企业参与校企合作投资的积极作用提供实践指导和政策建议。

1.2　文献综述与评析

长期以来，校企双元制职业教育、校企合作投资办学、校企共建实训基地，以及财政支持政策如何激励企业参与校企合作投资一直是学界关注的重要议题。国内外已有文献主要集中于四个层面展开研究：一是财政支持政策对企业参与校企合作投资存在的问题研究；二是财政支持政策对企业参与校企合作投资的作用效果研究；三是财政支持政策促进企业参与校企合作投资的建议研究；四是混合所有制办学促进企业参与校企合作投资的可行性研究。已有文献为本书研究提供了基础铺垫及创新性研究的方向与思路。以下先对已有文献进行全面综述，然后对已有文献进行相关评析。

1.2.1　关于财政支持政策对企业参与校企合作投资的实施问题研究

关于财政支持政策在企业参与校企合作投资中存在的问题研究方面，国内外学者进行了较为系统的研究，并取得了阶段性成果。

（1）财政支持政策的实施力度不够

通过分析希腊职业教育的滞后发展原因，Patiniotis Nikitas（1997）得出各级财政对校企合作经费支持持续偏低的结论。通过对比分析中德两国的职业教育经费投入，陈小满和刘冰月（2015）提出我国职业教育缺乏企业投入经费的政策支持。通过分析马尼拉职业教育与培训（TVET）政策的实施问题，Zhang Xinqin（2020）得出其主要原因是政府对校企共建教学工厂的经费支持力度不足。Swaminathan P.（2017）分析了印度政府为青年提供职业教育制度所遇到的问题，通过对比分析德国、日本、韩国的校企双元制职业教育经费资助，发现印度政府财政补贴支持仍不到位。

（2）财政支持政策的实施效果欠佳

通过对比分析国外的教育税优惠政策，黄怀书（2012）提出我国现行的税收优惠政策还不足以促进企业参与校企合作投资。李玉倩和陈万明（2019）运用交易成本理论，分析企业参与校企合作投资的选择成本、交易成本、资产专用性成长及准租金攫取成本，诠释制度性交易成本诱发集体主义困境，并阐述现有财政政策支持仍存在低效率问题。结合我国企业参与校企合作投资的现状，许世建（2020）提出现行财政政策在针对性、科学性及公平性方面仍存在问题。

（3）财政支持政策的实施方式不够灵活

唐佩和龙建佑（2014）认为我国在建立校企合作培训基金与形成多元化、多层次的校企合作经费分摊机制方面的问题较为突出，同时，财政政策缺位是制约我国校企合作可持续发展的主要矛盾。通过对比分析国内外职业教育的经费投入机制，季仕锋（2020）提出我国企业参与校企合作投资的财政支持政策体系尚不健全。黄侃（2022）以江西省 62 个校企共建生产性实训基地为研究样本，通过实证检验，得出现有财政支持政策的实施方式过于单一，不能灵活地适应各类企业的需求。

1.2.2 关于财政支持政策对企业参与校企合作投资的作用效果研究

1981 年，德国颁布了《职业教育促进法》，该法案明确规定："政府对企业参与校企合作投资实施财政支持政策。"此后，一些学者对此展开了相关研究，大致从财政支持政策总体和财政支持政策类型方面来展开系统性研究，并取得了代表性成果。

（1）基于财政支持政策总体方面的研究

通过比较分析 2000 年以来德国和欧盟的职业教育政策，Yu Jinyoung（2013）认为新的财政支持政策促进了校企合作人才培养。Yao Jiaojiao（2018）认为职业教育作为国民经济转型的重要推动力，肯尼亚政府的一系列财政支持政策推动肯尼亚职业教育取得了非常明显的成果。Irawan 等（2022）提出实施教学工厂的预算经费支持对高职院校毕业生就业具有正向影响。通过分析欧洲国家推动的职业教育和培训 VET 预算经费管理模式，MartínezIzquierdo Luis 等（2022）得出财政支持政策对促进校企合作发挥了不可替代的作用。Yinan（2022）认为校企共建教学工厂、校企共享产业学院、产教融合实训基地都离不开政府的预算经费支持。

（2）基于政府补贴方面的研究

Thomas Dessinger（1994）探讨英、德两国现代职业培训制度的演变，并运用实证数据分析财政支持人力资本投资的效应，发现企业的人力资本投资与政府的财政补贴支持呈高度正相关。以实践中学习为例，Axel Lindner（1998）建立了企业特定人力资本积累模型，研究认为财政补贴对企业人力资本投资产生了积极影响。Mc Clasin N.L 和 Parks.D（2002）结合已有实证数据和案例分析认为，财政亏损补贴不利于刺激企业新增人力资本投资，财政贴息更有利于刺激企业的人力资本投资效应。结合墨西哥产业组织相关案例研究，Ciro A. Rodríguez（2005）认为政府补贴对校企合作人力资本开发具有战略性影响。结合财政贴息对私人投资的挤入效应，胡颖蔓、汪次荣（2020）运用实证分析法来探讨财政贴息对企业参与校企合作投资的影响效应，实证结果表明，财政贴息对大型企业投资影响较为显著，对中小企业的影响却较为有限。借鉴德国政府双元制校企合作人才培养预算经费投入制度，LU Ling（2022）分析了政府补贴企业的必要性与现实意义。运用比较分析法，李伟娟（2022）探讨贴息参考贷款利率对财政贴息的实施效应影响，研究结果表明，参考贷款合同利率贴息容易引发政策实施的低效率。

（3）基于政府购买服务方面的研究

结合宾夕法尼亚州和德克萨斯州的《佩尔金斯职业教育法》实施状况，Herr Edwin L 等（1989）探讨了政府购买企业教育服务的必要性、实施效应及其影响因素。结合实践教学服务的基本特征，鲍劲翔（2006）论证了相比财政直接投资，政府购买服务是一种低成本、高效率的职业教育供给方式。基于成本与收益视角，顾金峰和程培堭（2013）描述了企业参与实践教学服务的行为特征，提出政府购买服务能够有效纠正校企合作失灵。结合政府购买服务的执行情况，Ian Y. Blount 等（2015）研究认为政府购买服务与培训教育质量高度相关。董春利和房薇（2019）运用比较优势理论，探讨了"实践教学外包"服务对促进企业参与校企合作投资的影响，研究结果表明，政府购买服务能够充分发挥企业资源的比较优势并降低学校实训教学成本。

（4）基于税收优惠方面的研究

结合马尼托巴省当地学徒制培训企业的实证数据，Anony（2012）验证了学徒税抵免的人力资本投资效应。结合《企业支付实习生报酬税前扣除管理办法》

（国税发〔2007〕42号），和震（2013）运用实证分析法来探讨企业所得税税前扣除对企业参与校企合作投资的影响效果，实证结果表明，企业所得税税前扣除政策的实施效果极为有限，究其原因：实习生报酬仅占企业投资总额的一少部分。范世祥（2016）参考高新技术企业研发费的税前加计扣除，运用理论分析法来探讨实习生报酬税前加计扣除对企业参与校企合作投资的影响效果，研究结果表明，企业所得税税前加计扣除不能有效缓解企业资金短缺问题。

（5）基于教育专项基金方面的研究

结合培训基金（ITF）对人力资本开发的贡献调查问卷，Aroge Stephen Talabi（2012）运用 Likert 量表对受访者的答案进行了数字量化、制表和分析，研究结果表明 ITF 对公共和私营部门的人力资本投资贡献度较高。基于反事实影响评估方法，Martin Pelucha 等（2018）验证欧洲教育专项基金支持对企业培训和人力资本投资的有效性。李明富和张燕（2020）认为政府应承担校企合作经费筹集和分配的财政责任，由于我国没有开征教育税，因此，教育专项基金政策支持对促进企业参与校企合作投资更为有效。结合我国 31 个省份的样本数据，史骏成（2022）运用实证分析法，分析我国抵免教育专项基金的实施效应，实证结果表明，抵免教育专项基金政策本身不能惠及所有企业，即很多企业被边缘化。杨广俊（2022）结合投资抵免教育专项基金政策的实施现状，提出政策激励导向存在偏差，即重企业资源投入而轻企业教学产出效果。

1.2.3　关于财政支持政策对企业参与校企合作投资的实施建议研究

关于财政支持政策促进企业参与校企合作投资的建议研究方面，国内外学者先后进行了大量的研究，并取得了丰硕的成果。

（1）基于财政支持政策总体方面的建议

通过考察埃塞俄比亚职业培训政策的实施现状，Abebe Yehua（2016）提出地方政府应建立多元化的财政支持政策体系，进而使更多的社会弱势群体找到就业岗位。吴静（2016）提出应从政府层面建立校企合作激励机制，财政投入应重点资助产业学院、教学工厂、产教融合实训基地等校企合作项目。钟真（2016）提出对于企业参与校企合作，应通过立法明确政府的责任和义务，并将财政支持政策长期化和制度化。基于外部利益相关者视角，Khawla Shakhshir（2017）建议政府出台相关政策以鼓励私营企业参与校企合作投资。于晨（2019）提出准确把握财政政策变迁的动力机制是实现校企合作政策的必要条件，我国应通过校企合作制度设计来优化财政支持政策组合。结合国内校企合作办学的发展现状，王新知（2022）提出应进一步加大对校企合作的财政支持，并通过政策引导调动企业的投资积极性。

（2）基于政府补贴方面的建议

基于企业成本补偿视角，曾阳和黄崴（2016）提出地方政府应加大对校企合作的政策性补贴支持，给予企业一定的校企合作办学成就奖励。基于外部利益相关者视角，Mats Lindell（2019）提出鼓励企业参与产教融合实训基地投资的贴息贷款政策建议。Don Wall（2020）运用人力资本投资模型估算财政补贴的实施效应，建议联邦政府和州政府设立企业培训成就奖励基金以进一步鼓励中小企业提供培训学徒服务。于家淇和廖志高（2021）结合我国产教融合型企业的财政政策实施现状，借鉴国外财政经验，提出为有效补偿企业参与校企合作投资的经济成本，政府应出台相关的财政补贴政策。借鉴德国的财政投入经验，崔驰和陈新忠（2021）提出为鼓励企业参与校企合作投资，政府应加大财政补贴力度，给予企业适当的人才培养奖励。借鉴国外的三级预算制度和财政拨款模式，潘书才（2021）建议我国应实施中央、省、市三级预算补贴制度以鼓励企业参与校企合作投资。

（3）基于政府购买服务方面的建议

柳志（2018）认为政府购买服务仍存在操作性障碍，建议政府出台相关文件规范政府购买服务的流程，并以此来提高政府购买服务资金的使用效益。邓金霞（2019）提出通过规范社会力量承接公共服务的诚信评价体系，能够健全承接供应商的进入与退出机制，进而为提高政府购买企业职业培训服务质效奠定必要的基础。陈岳堂和首家荣（2021）认为应建立健全政府购买服务法规，优化政府购买评估机制，进一步提高政府购买企业职业培训服务质效。结合美国、澳大利亚、日本政府购买教育服务的经验，刘叶芬和吴云勇（2022）探索政府购买教育服务在我国的可行性并提出相关政策建议。

（4）基于教育专项基金方面的建议

结合培训部门的实证经验数据，Nico Van 等（2006）验证了成本均等政策工具并没有达到预期的实施效果，为了有效防止职业教育和补充培训经费的投入不足，提出应进一步加强职业培训发展基金的管理。吴亚军（2010）借鉴德国的职业教育专项基金制度，建议我国政府向产教融合型企业直接拨付职业技能培训基金。为了鼓励企业参与高职院校的合作办学，何雯（2011）提出政府应制定相关政策支持的实施细则，调减企业应纳教育费附加比例。陈媛和祁占勇（2019）借鉴国外职业教育发展基金制度，建议我国政府构建多元投资主体的校企合作专项基金，用于支持企业的职业技能培训经费投入。伍慧萍（2021）借鉴德国的校企合作财政补贴经验，提出我国应建立校企合作专项预算资金，加大企业人力资本投资补偿力度。王贵斌（2021）借鉴荷兰政府的职业培训发展基金制度，建议我国政府给予培训企业一定的教育专项基金支持。曾阳等（2022）借鉴德国的职业教育专项基金制度，建议我国政府给予受托培训企业一定的教育专项基金支持。

1.2.4 关于混合所有制办学促进企业参与校企合作投资的可行性研究

混合所有制办学属于一种公私合营的办学体制，是指政府与企业按投资份额享有学校的股份，企业作为股东可享受学校的利润分配。目前，对于混合所有制办学促进企业参与校企合作投资的可行性研究，国内外学者持有两种不同的观点。

（1）混合所有制办学促进企业参与校企合作投资具有可行性

乐乐和胥郁（2020）提出了混合所有制下高职院校的法人治理结构和产权明晰问题，认为股东权益是促进校企合作的关键之所在。阮小葭和彭朝晖（2020）基于公共产品理论、教育成本分担理论及利益相关者理论，提出混合所有制办学的必要性与现实意义。李林森和丁春莉（2020）认为混合所有制办学是引入企业资本的有效途径，并能够解决政府办学经费不足的问题。结合福建省高职院校混合所有制办学的现状，柯轶凡（2021）提出要"通过校企股权占比，建立一个产权关系明晰的学校法人治理机构"。宋洁（2021）认为混合所有制办学应坚持校企利益共赢原则，利益分配标准可比照股份制企业的分配方式。杨清（2022）认为政府与社会资本合作的 PPP 模式（Public-Private-Partnership）是我国发展现代股份制高职院校的新思路。Guijia Fan（2022）认为混合所有制办学能够承载教学工厂、订单班及职教集团，在实践和探索中，混合所有制产业学院要坚持垂直发展方向，实施精准培养，探索独立法人身份。Sike Jin（2022）深入探讨了混合所有制下二级产业学院的财务管理体制和董事会管理机制。

（2）混合所有制办学促进企业参与校企合作投资不具有可行性

一些学者认为混合所有制办学会削弱教育的公益性特征，并且将会面临产权配置、成本分摊及收益分成等诸多难题。Nwachukwu 等（2014）认为公共职业教育是减贫、脱贫的关键，但高职院校混合所有制办学将会加剧一国的贫富差距。CHO Jin Ho（2018）认为职业教育应着力解决社会底层贫困人口的就业问题，并提倡实行免费的职业技能学习，因此，反对各种形式的混合所有制办学。满晓琳和郭忠亭（2020）认为混合所有制办学将会削弱职业教育的公益性特征，高额的学费标准超出了低收入者的预期。朱倩倩（2021）认为混合所有制办学将面临教育公益性与企业盈利性的矛盾问题。基于利益相关者视角提出政府、企业、学校的博弈策略选择，李立和滕谦谦（2020）认为个体理性选择是阻碍校企合作的主要矛盾。羌毅（2020）认为二级学院混合所有制办学面临的主要问题包括产权配置、成本分摊及收益分成，而且产权配置与费用分成存在争议性问题。霍艳杰（2020）认为二级学院混合所有制办学的法律地位不够明确，仍然无法有效规避办学利益冲突、运行管理难度大、资产评估困难等问题。同时，霍艳杰（2020）认为二级学院混合所有制办学的法律地位不够明确，仍然无法有效规避办学利益冲突、运行管理难度大、资产评估困难等问题。梁韦娟（2021）认为混合所有制办学需要完善运行机制并发挥行业企业的协调作用。任陈伟（2021）认为由于混合所有制办学存在利润分成和权力分割的问题，从而导致各股东不能顺从整体战略发展。黄亚宇（2022）认为高职院校的混合所有制办学将会面临资产流转、利益分配、权益保障等诸多问题。

1.2.5 文献评析

企业参与校企合作投资具有一定的公共性、公益性及非营利性特征，因此，财政支持政策能够对企业参与校企合作投资发挥积极的影响。纵观国内外已有文献，学者们围绕财政支持政策在企业参与校企合作投资中的必要性、问题与建议进行了较为系统的研究，为本书研究提供了有益的启发。同时，在研究视角、研究内容及研究方法上还有待进一步加强和完善。

①研究视角有待进一步拓展。对校企共建产教融合实训基地项目的研究，已有文献主要集中于混合所有制办学视角，分析企业参股投资的利益分配问题。尽管公私合营能够解决校企合作的利益冲突与外部性问题，但企业的营利性不符合公共职业教育的本质特征。因此，一些学者主张通过财政资助、税收优惠、政府购买服务等政策，来鼓励企业参与校企合作投资。事实上，企业参与校企合作投资不但涉及显性成本，还涉及选择校企合作的机会成本，显然，单一的财政支持政策难以补偿企业参与校企合作投资的全部成本。因此，本书结合企业参与校企共建实训基地项目的投资成本，从项目建设期到项目运营期，围绕财政贴息、政府购买服务及抵免教育专项基金政策展开系统性研究。

②研究内容有待进一步深入。已有文献大多都侧重于财政支持政策对企业参与校企合作投资办学的直接影响研究，而对财政支持政策的作用机制、影响因素及实施效应研究不够深入，不利于我国财政支持政策的精准制定和有效实施。鉴于此，本书从三个方面进行深入研究：第一，财政贴息对企业参与校企合作投资的作用机制、传导效应及异质性影响；第二，政府购买服务对企业投资的作用机制、传导效应及异质性影响；第三，抵免教育专项基金对企业投资的作用机制、传导效应及异质性影响。同时，从政策优惠方式的选择、政策优惠标准的制定及政策优惠方案的实施维度来探求缩小财政支持政策异质性影响的因素。

③研究方法有待进一步完善。已有文献大多都使用定性分析法来探讨财政支持政策在企业参与校企合作投资中的影响作用，但定性分析法得出的研究结论还

有待实证检验。此外，已有文献对企业融资约束、投资能力、投资倾向与财政支持政策的交互影响效应研究还比较欠缺，从而不能客观反映财政政策与企业参与校企合作投资的内在联系及作用机制。鉴于此，本书运用相关数据指标来度量企业融资约束、投资能力及投资倾向，并通过构建中介效应模型进一步检验财政贴息、政府购买服务及抵免教育专项基金对企业参与校企合作投资的影响。

1.3 主要内容与研究方法

1.3.1 主要内容

本书按照"提出问题→理论基础→理论分析→实证检验→研究结论与政策建议→解决问题"（图1-3）的思路来展开研究，问题导向是研究的立论基础，描述性分析是规范分析的前提，规范分析是实证分析的基本铺垫，实证分析是规范分析的客观检验，研究结论是研究过程的承接载体。结合企业参与校企合作投资的财政支持政策，本书提出了问题研究的三个维度：财政贴息、政府购买服务及抵免教育专项基金，共分为以下7章内容。

第1章，绪论。首先，阐述本书的选题背景及研究意义。其次，系统梳理国内外关于财政政策影响企业参与校企合作投资的相关研究文献，并对已有文献进行了相关评析。再次，阐述本书的主要内容与研究方法。最后，说明本书研究的创新点与不足之处。

第2章，财政支持政策影响企业参与校企合作投资的理论分析。首先，对本书研究所涉及的关键概念加以界定。其次，诠释外部性理论、公共产品理论、人力资本理论及托宾投资理论的核心思想及其对本书理论支撑的依据。最后，分析财政支持政策影响企业参与校企合作投资的三个作用机制。

第3章，企业参与校企合作投资的财政支持政策：实施状况与主要问题。首先，梳理企业参与校企合作投资的财政支持政策变迁过程与内容。其次，分析企业参与校企合作投资的财政贴息、政府购买服务及抵免教育专项基金三项政策的实施状况与存在的主要问题。最后，归纳总结国外企业参与校企合作投资的财政支持政策实践，并提出对我国的启示。

第4章，财政贴息对企业投资影响的实证分析：基于项目建设期。为验证财政贴息对企业投资的作用机制和影响效应，首先，提出问题的研究假设；然后，构建计量模型进行实证分析，包括内生性讨论、稳健性检验及异质性分析。基于贴息方式、贴息参考利率及贴息支付期的选择角度，来拓展财政贴息的效率性与公平性研究。

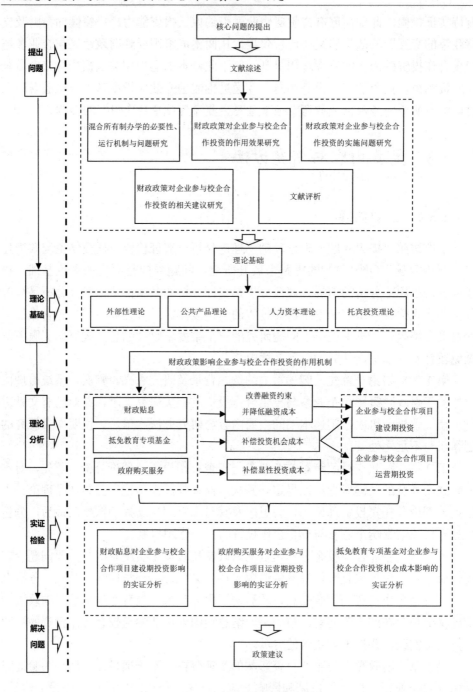

图 1-3 全文的研究框架

第5章,政府购买服务对企业投资影响的实证分析:基于项目运营期。为验证政府购买服务对企业投资的作用机制和影响效应,首先,提出问题的研究假设；其次，构建计量模型进行实证检验分析，包括内生性讨论、稳健性检验及异质性分析；最后，基于购买定价、购买方式及购买组织形式的视角，来进一步拓展政府购买服务的实施效应研究。

第6章，抵免教育专项基金对企业投资影响的实证分析：基于机会成本。为验证抵免教育专项基金对企业投资机会成本影响的作用机制和实施效应，首先，提出问题的研究假设；其次，构建计量模型进行实证分析，包括内生性讨论、稳健性检验及异质性分析；最后，基于投资抵免率和分配方式，来进一步拓展抵免教育专项基金的实施效应研究。

第7章，研究结论及政策建议。首先，对本书研究结论进行归纳总结。然后，基于问题的导向和实证研究结论，有针对性地提出相关政策建议，以期为完善激励企业参与校企合作投资的财政贴息、政府购买服务及抵免教育专项基金政策提供经验证据与决策指导。

1.3.2　研究方法

本书主要采用规范分析法和实证分析法，对企业参与校企合作投资的财政支持政策进行深入研究。

①规范分析法。笔者查阅了国内外关于财政支持政策影响企业参与校企合作投资的相关文献，通过文献的搜集、整理与评析，归纳总结相关领域的研究成果及其最新研究前沿，进一步拓展相关研究的横向维度与纵向深度认知，为探寻本书研究的创新之处提供了启发。此外，笔者还通过查阅国内外已有文献，比较我国与国外校企合作投资中的财政支持政策，分析我国财政支持政策存在的主要问题。本书以外部性理论、公共产品理论、人力资本理论及托宾投资理论为基础支撑，从理论层面分析了财政支持政策的内在作用机制，为后文的实证分析奠定理论基础。

②实证分析法。本书通过收集《中国职业教育发展白皮书》《中国统计年鉴》《中国教育经费统计年鉴》、各省发改委官方网站发布的数据、各省教育厅官方网站发布的数据、各省政府网发布的数据、各省政府公办高职院校官网发布的数据及沪深两市A股企业上市公告数据，进行数据统计的相关分析，整理得出2018～2022年研究样本的经验数据。实证分析法的运用体现在：首先，根据财政贴息、政府购买服务及抵免教育专项基金政策对企业参与校企合作投资影响的理论分析，来提出相关问题的研究假设。其次，构建基准回归模型，来检验财政支持政策对企业参与校企合作投资的直接影响效应。再次，构建中介效应模型，来检验财政支持政策对企业参与校企合作投资的间接影响效应。最后，实证分析财政支持政策实施的异质性影响。

1.4 创新点与不足之处

1.4.1 创新点

①财政贴息实施效应的创新性研究。已有文献大多基于校内实训教学的现状和问题，提出应加强校企合作共建实训基地项目，并建议政府给予贴息贷款支持，但对财政贴息实施效应的研究还不够充分。本书基于不同地区、不同行业发展水平及不同企业经营状况，深入全面地研究财政贴息对不同企业投资的异质性影响。通过构建中介效应模型，验证了贴息比例、贴息方式、贴息参考利率及贴息支付期的合理选择能够缩小财政贴息实施的异质性影响，以期为完善财政贴息政策提供经验证据。

②政府购买服务实施效应的创新性研究。已有文献侧重于分析校企合作人才培养的利益冲突及外部性问题，提出实践教学外包服务的经济利益能够促进企业参与校企合作投资，但对政府购买服务实施效应的研究还不够充分。本书基于不同地区、不同行业发展水平及不同企业经营状况，深入系统研究政府购买服务对不同企业投资的异质性影响。通过构建中介效应模型，验证了购买定价、购买方式及购买组织形式的合理选择能够进一步缩小政府购买服务实施的异质性影响，以期为我国规范政府购买服务提供参考依据。

③抵免教育专项基金实施效应的创新性研究。已有文献对政策实施的缘由、现状与问题及建议展开了丰富研究，但对政策实施效应的研究还不够充分。本书围绕企业参与校企合作投资的机会成本补偿问题，探讨现有抵免教育专项基金政策对不同地区、不同行业及不同经营状况企业投资的异质性影响。通过构建中介效应模型，验证了30%的投资抵免率和投资抵免方式所存在的局限性和相对不足，以期为我国进一步完善现有教育专项基金政策提供参考依据。

1.4.2 不足之处

本书研究主要存在以下两点不足之处。

①实证回归结果还有待于修正。本书选取的企业样本数据主要源于国内沪深两市上市企业，上市财务公告（2018年12月至2022年12月）的滞后性导致本书无法获取2023年的全年数据，因此，企业融资约束、投资能力及投资倾向的估算可能会出现偏差。在后续研究中，应延长时间序列样本数据的纵向维度，运用移动加权平均法或指数平滑法来处理样本数据，以尽可能缩小实证回归模型的计算误差。另外，由于目前不能完整获得全国各省份的产教融合实训基地数据，因此，导致本书对财政政策实施效应的地区异质性研究还不够全面。随着校企共

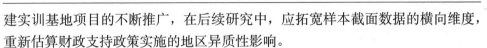

建实训基地项目的不断推广，在后续研究中，应拓宽样本截面数据的横向维度，重新估算财政支持政策实施的地区异质性影响。

②研究内容还有待进一步延伸。本书基于企业融资约束、投资能力和投资倾向来研究财政支持政策对企业参与校企合作投资的作用机制和影响。事实上，财政支持政策对企业参与校企合作投资还存在惯性影响效应，即前期政策实施效应对未来各期的影响。但由于财政支持政策的持续期刚满 6 年（2018 年开始实施），基于时间序列样本数据的回归模型不具有稳定性，因此，现有数据还不足以支撑财政支持政策的惯性影响效应研究。随着财政支持政策实施期的不断延长，在后续研究中，还应进一步加强财政支持政策对企业参与校企合作投资的惯性影响效应研究。

2 财政支持政策影响企业参与校企合作投资的理论分析

为明确本书研究内容的范围与口径，本章首先对企业参与校企合作投资、产教融合实训基地及财政支持政策的概念进行界定；其次，诠释外部性理论、公共产品理论、人力资本理论及托宾投资理论，为本书研究提供理论依据；最后，论述财政支持政策影响企业参与校企合作投资的作用机制，为进行财政支持政策影响企业参与校企合作投资的实证分析提供基础。

2.1 概念界定

在职业教育采取校企合作"双元制"模式的背景下，企业参与校企合作投资成为这一模式实施的一个重要方案，产教融合实训基地作为企业参与校企合作投资的承接载体。为进一步鼓励企业参与校企合作投资共建产教融合实训基地项目，我国正式出台了相关的财政支持政策。由此企业参与校企合作投资、产教融合实训基地，以及相关的财政支持政策：财政贴息、政府购买服务及教育专项基金构成本书的主要概念。

2.1.1 企业参与校企合作投资

校企合作是指院校与企业建立的一种联合人才培养模式，利用校企合作教学资源引导学生从学校的课堂教学步入企业的工作实践。企业参与校企合作投资是指为建设产教融合实训基地（产业学院、教学工厂及其工作坊），按协议规定，企业所投入的货币与非货币资本（何雯，2011；郭建如，2015；丛广林，苑银和，2019）。基于校企合作与政府办学的基本属性，本书所研究的企业参与校企合作投资并非是股份制投资，而是一种契约式投资，即校企双方通过签订协议约定合同当事人的权利和义务。同时，按照产教融合实训基地项目的具体实施周期，企业参与校企合作投资涉及项目建设期投资和项目运营期投资。

（1）企业参与校企合作项目建设期投资

企业参与校企合作项目建设期投资需要完成各类固定资产投资，包括房屋、生产设备及基础配套设施的购建。房屋、生产设备及基础配套设施的购建往往耗资巨大，财政部门通常会给企业贴息贷款支持，但贴息贷款往往仅占项目投资额的 70%。因此，企业参与校企合作项目建设期投资还需自行垫付 30% 的资本金。垫付 30% 的资本金必然涉及选择的机会成本，即等额投资用于企业主营业务所能带来的潜在收益。基于此，在财政贴息的基础上，又给予产教融合型企业抵免教育专项基金政策优惠。

（2）企业参与校企合作项目运营期投资

在项目运营期，投资方企业（通常不少于 3 家）需要通过招投标程序承接各类职业技能培训服务。企业参与校企合作项目运营期投资需要完成材料费、人工费及设备维护费的投资，此外，还需支付场地和生产设备的租赁费。基于此，在契约式投资下，政府购买服务就成为投资方企业的主要收益来源。另外，企业参与校企合作项目运营期投资仍涉及机会成本问题，这是因为政府购买服务仅能补偿企业投资的显性成本。相比企业的主营业务，等额的投资却不能带来等额的投资收益，因此，在政府购买服务的基础上，又给予企业抵免教育专项基金政策优惠。

2.1.2　产教融合实训基地

产教融合实训基地是集生产与教学一体化的实践训练场地，场地设施配套齐全能够承载所有工作任务，工作任务为实践教学的出发点，工作能力和职业素养为实践教学的落脚点。基于此，产教融合实训基地是企业参与校企合作投资的载体，也是反映企业参与校企合作投资效果的一个重要参照。产教融合实训基地采取政府和社会资本合作（PPP）模式，包括 BOT 模式（建设→运营→移交）、ROT 模式（改建→运营→移交）、BOO 模式（建设→拥有→运营）及 TOT 模式（转让→运营→移交）。校内实训基地产权归属于政府公办高职院校，企业负责实践教学服务项目的设计、融资、建造、运营及维护等，项目合同期满后，实训基地的资产及相关权利等需要移交给政府公办高职院校，因此，校内实训基地可采用 BOT 模式或 ROT 模式。企业实训基地产权归属于企业，企业要负责实践教学项目的建设和运营，项目合同需注明公益性约束条款，不涉及项目期满移交的问题，因此，企业实训基地可采用 BOO 模式。产业园区实训基地属于共有产权，地方政府将产业园区的部分土地使用权转让给牵头企业，企业群负责公共实训基地的投资、建设与运营，项目合同期满后，实训基地的资产及相关权利等需要移交给地方政府，因此，产业园区实训基地可采用 TOT 模式。

　　为进一步鼓励企业参与校企合作投资，我国于 2019 年 4 月实施了《建设产教融合型企业实施办法（试行）》，规定在中国大陆境内注册企业均可申报产教融合型企业，并依法参与实训基地、学科专业、课程建设、技术开发等校企合作办学项目。2019 年 9 月 25 日，国家发展改革委、教育部、工业和信息化部、财政部、人力资源社会保障部、国资委联合印发《国家产教融合建设试点实施方案》（发改社会〔2019〕1558 号），要求省级政府积极推荐试点城市名单，并报送建设方案和改革问题清单及政策清单。2021 年 7 月，国家发展改革委、教育部公布了第一批国家产教融合型企业（63 家）和国家产教融合试点城市（21 个）。❶产教融合型企业涵盖机械装备、能源化工、信息技术、生物医药等多个战略性新兴产业，并且具备投资建设实训基地、实施现代学徒制教育的基本能力和意愿。产教融合试点城市拥有较为丰富的产教资源，区域主导产业优势突出，高校在校生人数超出 20 万人。另据 2022 年国家教育部新闻发布会报道，在国家政策支持下，校企合作共建实训基地项目累计达 2.49 万个，年均增幅达 8.6%。❷2023 年 6 月，为贯彻落实党的二十大精神和《关于深化现代职业教育体系建设改革的意见》，国家发改委、教育部等八部委联合印发《职业教育产教融合赋能提升行动实施方案》（发改社会〔2023〕699 号），提出要探索高职院校产教融合实训基地建设的新模式与新路径。根据《中华人民共和国国民经济和社会发展第十四个五年规划和 2035 年远景目标纲要》第四十三章建设高质量教育体系，我国将围绕新一代信息技术、集成电路、人工智能、工业互联网及储能等重点行业领域，布局建设高水平、专业化、开放型的产教融合实训基地。❸

　　（1）新一代信息技术产教融合实训基地

　　2021 年 6 月，深圳华为、奇安信、朗迅等公司与多所高职院校达成校企合作协议，通过新一代信息技术产教融合实训基地项目，来开展课程资源建设和专业内涵建设。为了建设新一代信息技术产教融合实训基地项目，多家龙头企业将云计算、大数据及区块链技术移植到基地中来。为了提升新一代信息技术成果转化，校企双方还致力于产教融合实训基地项目的运营。

　　（2）集成电路产教融合实训基地

　　2021 年 12 月，集成电路产教融合发展联盟正式成立，其旨在促进集成电路产业人才的有效供给，约有 60% 的集成电路产业链上下游企业加入了产教融合发展联盟。根据集成电路产业人才发展报告显示，到 2023 年，全国人才需求总量将达到 76.65 万人，其中，设计业约为 28.83 万人，制造业约为 28.27 万人，封装测试业约为 19.55 万人。目前，在北京、上海、南京、广州等地均建立了集

---

❶　数据来源于国家发改委官方网站。
❷　数据来源于 2022 年国家教育部新闻发布会。
❸　数据来源于中国政府网。

成电路产教融合实训基地，企业的投资占比约为 75%。❶

（3）人工智能产教融合实训基地

2021 年 12 月，教育部高等学校计算机类专业教学指导委员会举行人工智能教育与产教融合高峰论坛，华为、腾讯、百度等多家人工智能知名企业参与了此次论坛。通过校企共建人工智能产教融合实训基地，引入企业的生产实践教学资源，提升人工智能实训教学水平。在国家政策引领下，多家人工智能上市企业都积极参与产教融合实训基地建设项目，企业的投资占比约为 80%。❷

（4）工业互联网产教融合实训基地

2022 年 9 月，工业互联网产教融合实训基地项目正式启动，北京华航唯实机器人科技股份有限公司、浪潮集团有限公司、浪潮工业互联网股份有限公司等多家企业参与了实训基地启动仪式。目前，工业互联网产业有巨大的人才需求，工业互联网行业企业拟完成 100 个左右的产教融合实训基地项目。为支撑 100 个产教融合实训基地项目，工业互联网行业企业投资近 8000 万元，建设工业物联网平台、APP 低代码开发实训平台及大数据实训平台等。❸

（5）储能产教融合实训基地

2022 年 5 月，召开国家储能技术产教融合项目建设研讨会，华电集团、华能集团、国家电网等 20 家企业获批国家储能技术产教融合实训基地，项目总投资 4.3949 亿元。❹ 为了应对技术攻关、人才培养、产教融合等方面的重点难点问题，储能行业龙头企业积极探索校企合作模式下的高端智库建设、技术创新和成果转化。储能产教融合实训基地采取"1+1+N"的新模式，构建政府、高校、行业龙头企业深度参与的联合人才培养方案。

2.1.3 财政支持政策

财政支持政策拥有丰富的内涵和外延，不同学者给出了不同视角的概念界定。吴海建（2015）基于产业链视角，归纳总结了技术研发、投资生产、市场推广及终端消费环节的专项拨款、贴息贷款、财政补贴、政府购买及税收优惠政策。胡丽娜（2023）基于政府补助与税收优惠视角，阐释了财政支持政策的概念，即财政支持政策可理解为财政支出与税收调节的政策组合。王丽娟（2023）基于财政支出视角，阐释了财政支持政策的概念，即政府运用财政资金给予特定受益对象的专项补助，包括直接投资、各类补贴、专项援助及政府购买服务。概言之，财政支持政策是一个比较宽泛的概念，泛指政府以无偿拨付的方式，如直

❶ 数据来源于中国日报网。
❷ 数据来源于中国教育新闻网。
❸ 数据来源于人民资讯网。
❹ 数据来源于搜狐教育网。

接投资、专项拨款、财政补贴、政府购买服务及税费优惠等对国家扶持的产业、行业或企业和具体项目所进行的资金支持，其中，直接投资、专项拨款、财政补贴、政府购买服务等属于支出调节政策，税费优惠属于收入调节政策。

本书研究所涉及的财政支持政策是指企业参与校企合作投资共建产教融合实训基地项目的相关扶持政策。党的十九大以来，我国中央政府陆续发布了相关政策文件，但财政支持政策的制定与实施仍处于摸索阶段。目前，企业所得税税收优惠仅适用于捐赠资产和支付实习生的工资薪酬，这两项与企业参与校企合作投资互不相关，其他税收优惠政策还尚未正式实施。通过查阅相关政策文本，对企业参与校企合作投资共建实训基地项目，已实施的财政支持政策包括财政贴息、政府购买服务及抵免教育专项基金。由此本书将财政支持政策定位于三个政策组合：财政贴息、政府购买服务及抵免教育专项基金。

（1）财政贴息

财政贴息是由财政统一安排专项资金，用于补贴借贷融资利息的一项财政政策，其旨在鼓励符合国家宏观调控目标的企业从事特定的生产经营活动。财政贴息政策体现了财政政策与金融政策的相互搭配，一方面，财政贴息能够促进金融政策的实施效力；另一方面，财政贴息能够发挥其杠杆效应以引导社会资本投资，从而有效规避财政补贴所带来的社会投资挤出效应。财政贴息有不同的分类标准，下面按照贴息方式、贴息参考贷款利率及贴息支付期的不同来分别加以阐述。

①按照贴息方式的不同，财政贴息可分为明补方式下的财政贴息和暗补方式下的财政贴息。明补方式下的财政贴息是指企业先按照贷款合同利率支付银行贷款利息，财政再将贴息资金直接拨付给受益企业。暗补方式下的财政贴息是指财政先向贷款银行拨付贴息，贷款银行再按照优惠利率向企业提供贷款，受益企业仅需支付差额利息。

②按照贴息参考贷款利率的不同，财政贴息可分为合同利率贴息和基准利率贴息。合同利率贴息是指财政参考贷款合同利率，给予企业一定比例的贴息，即财政贴息与贷款合同利率成正比。基准利率贴息是指财政参考贷款市场报价利率LPR，给予企业一定比例的贴息，即财政贴息与贷款合同利率无关。

③按照贴息支付期的不同，财政贴息可分为到期一次性贴息和分期分次贴息。到期一次性贴息是指在贷款到期日，企业需要向财政部门提交所有的还息还贷凭证来一次性申请贴息补助。分期分次贴息是指在贷款到期日之前，企业需要向财政部门分期提交每一笔还息还贷凭证来分次申请贴息补助。

本书研究所涉及的财政贴息是指为了支持企业参与高职院校产教融合实训基地项目建设，由省级财政统一安排的专项贴息贷款。根据全国各省财政贴息的实施状况,贴息贷款通常占项目投资额的 70% 左右,贴息方式、贴息参考贷款利率及贴息支付期的选择还尚未形成统一标准。

(2)政府购买服务

政府购买服务是指政府以"公共服务外包"的形式,将部分公共服务事项转交给社会私人部门来承接,并按照合约规定向承接供应商支付购买费用,其旨在实现市场竞争机制与财政支出管理的有机结合(孙开等,2009)。政府购买服务遵循积极稳妥、有序实施、科学安排、注重实效、公开择优、以事定费、改革创新、完善机制的原则。随着政府职能的不断优化和财政制度的不断健全,政府购买服务能够更好地满足社会公众的个性化、多元化需求,成为提高财政资金使用效率的重要方式。根据政府职能的性质划分,事务性管理服务应引入市场竞争机制,以政府购买服务方式来提供,其中,基本公共服务、社会管理性服务、行业管理与协调性服务、技术性服务等已纳入我国的政府购买服务指导性目录。❶

近年来,一些学者积极探讨一种新兴的教育供给方式——政府购买公共教育服务。在政府购买服务实践中,政府购买公共教育服务是一种低成本、高效率的教育服务供给方式(鲍劲翔,2006),企业参与校企合作投资是促进公共职业教育发展的重要方式,应该成为政府购买公共教育服务的组成部分。企业参与校企合作人才培养被视为私人提供公共服务,政府购买服务的本质是以市场交易来促进企业行为选择(陈岳堂和首家荣,2019)。本书研究的政府购买服务是指公办高职院校向企业购买职业技能培训服务,购买主体为公办高职院校,承接主体为专业对口的产教融合型企业,购买对象为职业技能培训,购买方式包括公开招标、邀请招标、竞争性谈判和单一来源。

(3)抵免教育专项基金

教育专项基金属于政府性基金的一种形式,是指一国政府为支持教育事业发展而建立的专项基金。教育专项基金可视为一种"准税收"(孙开,2008),由税务局负责征收。参考政府性基金管理办法,教育专项基金实行专项预算收支管理,并划分为中央基金和地方基金。我国的教育专项基金分为教育费附加和地方教育附加,中央直属国有控股企业上缴的教育费附加归属于中央基金,而中央直属国有控股企业上缴的地方教育附加则归属于地方基金,其他企业上缴的教育费附加和地方教育附加均归属于地方基金。

教育费附加的最初征缴依据是《征收教育费附加的暂行规定》(国发〔1986〕50 号),即以企业或个人实际缴纳的产品税、增值税及营业税为计征基数,按照 1% 的征收率来征缴。自 1986 年以来,教育费附加的征收制度历经了三次修

---

❶ 中华人民共和国财政部令(第 102 号)《政府购买服务管理办法》自 2020 年 3 月 1 日起施行。

订**❶**，其基本特征表现为：一是征收率不断上调，从 1986 年的 1% 提高到 1990 年的 2%，再进一步提高到 2005 年的 3%；二是计征依据不断调整，1986 年至 1993 年涉及产品税、增值税、营业税，1994 年至 2016 年涉及增值税、营业税、消费税，2017 年至今涉及增值税、消费税；三是征收范围不断扩大，1986 年至 2009 年仅向内资企业和国内居民征收，从 2010 年起外商投资企业、外国企业和外籍人员也被纳入征收范围。

地方教育附加的最初征缴依据是《中华人民共和国教育法》(1995) 第七章（教育投入与条件保障）第五十七条。根据国务院的相关规定，各省、自治区、直辖市可自行决定开征用于地方教育事业的地方教育附加。据此，全国各地都先后开征了地方教育附加，适用的征收率均为 1%。根据《关于统一地方教育附加政策有关问题的通知》（财综〔2010〕98 号），各地均应统一征收地方教育附加，征收标准为企业和个人实际缴纳的增值税税收及消费税税收的 2%。此外，地方教育附加的经费投入渠道不断拓宽，从 2011 年 1 月 1 日起，政府出让土地净收益的 10% 也被列入地方教育附加。

抵免教育专项基金是针对企业参与校企合作投资的一种优惠政策，根据财税〔2019〕46 号，产教融合型企业可按投资额的 30% 来抵免教育专项基金（教育费附加和地方教育附加）。在产教融合实训基地的项目建设期和运营期，企业参与校企合作投资均可享受抵免教育专项基金政策优惠。抵免教育专项基金对企业参与校企合作投资的影响体现为一种增量效应，其增量效应的影响因素包括政策的制定和企业投资的机会成本。表 2–1 展示了抵免教育专项基金的基本流程，教育专项基金的计征依据为企业缴纳增值税（扣除留抵退税部分）和消费税的合计数，教育费附加适用 3% 的征收率，地方教育附加适用 2% 的征收率。例如：企业缴纳增值税 50 万元（留抵退税为零），缴纳消费税 20 万元，教育专项基金的计征依据为 70 万元，本期应纳教育费附加为 2.1 万元，应纳地方教育附加为 1.4 万元，应纳教育专项基金合计数为 3.5 万元。若企业当期新增投资额为 100 万元，按 30% 的比例准予抵免教育专项基金 30 万元，当期能够抵免教育专项基金为 3.5 万元，其余 26.5 万元需要结转至下期抵免。基于此，企业参与校企合作投资能否在当期抵免及抵免多少教育专项基金，取决于企业是否有足够的应纳教育专项基金。显然，对于本期应纳教育专项基金较多的企业而言，抵免教育专项基金政

---

❶ 根据《国务院关于修改〈征收教育费附加的暂行规定〉的决定》（1990 年国务院令第 60 号），教育费附加的征收率上调为 2%，分别与产品税（1993 年废除）、增值税、营业税同时缴纳。根据《国务院关于修改〈征收教育费附加的暂行规定〉的决定》（2005 年国务院令第 448 号），教育费附加的征收率上调为 3%，分别与增值税、营业税（2016 年废除）、消费税同时缴纳。根据国务院令（国发〔2010〕35 号）和财政部、国家税务总局（财税〔2010〕103 号），外商投资企业、外国企业和外籍人员也适用我国教育费附加和地方教育附加的征收制度。

策较为有利，即该政策能够迅速补充经营现金流。反之，对于本期应纳教育专项基金较少的企业而言，抵免教育专项基金政策较为不利，即该政策会挤占企业经营现金流。

表 2-1　抵免教育专项基金的基本流程

单位：万元

本期是否适用试点建设产教融合型企业抵免政策	√是 □否	当期新增投资额		100
		准予抵免额		30
		上期留抵可抵免额		0
		结转下期可抵免额		26.5

税（费）种	计征依据				征收率	本期应纳教育专项基金	试点建设培训产教融合型企业		本期应补（退）额
	增值税		缴纳消费税	合计			减免性质	本期抵免金额	
	缴纳增值税	留底退税							
计算公式	（1）	（2）	（3）	（4）=（1）－（2）+（3）	（5）	（6）=（4）·（5）	—	—	—
教育费附加	50	0	20	70	3%	2.1	61101402	2.1	0
地方教育附加	50	0	20	70	2%	1.4	99101401	1.4	0
合计		—			—	3.5	—	3.5	0

注　数据来源：国家税务总局 12366 纳税服务平台。对于符合财税〔2019〕46 号文件规定的试点建设培育产教融合型企业，分别填写教育费附加产教融合试点减免性质代码 61101402、地方教育附加产教融合试点减免性质代码 99101401。

2.2　理论基础

在财政支持政策对企业参与校企合作投资影响的理论分析中，外部性理论、公共产品理论、人力资本理论及托宾投资理论可以作为主要的理论基础。

2.2.1　外部性理论

外部性理论的发展历经了三个重要演变阶段，即外部经济理论、庇古税理论及科斯定理。英国经济学家阿尔弗雷德·马歇尔（Alfred Marshall）、阿瑟·塞西尔·庇古（Arthur Cecil Pigou）、罗纳德·哈里·科斯（Ronald H. Coase）为丰富发展外部性理论做出了卓越贡献。❶ 马歇尔于 1890 年提出内部经济与外部经济的

---

❶　吉恩·希瑞克斯，加雷恩·D. 迈尔斯. 中级公共经济学 [M]. 1 版. 张晏，译. 上海：上海人民出版社，2008：351-436.

概念，基于内部与外部两个层面研究影响企业成本变化的各种因素，这种分析方法为后续的外部性理论研究奠定了基础。庇古于1920年首次应用现代经济学方法，拓展了"外部不经济"的概念，基于福利经济学视角，提出运用征税与补贴策略破解外部性问题。科斯于1960年基于交易费用和产权，从内部协商与市场交易的维度提出了外部性问题的破解策略，建议以"私人内部交易"替代"庇古税"的理论。因此从理论上讲，外部性问题的解决策略包括机构合并、私人交易及政府干预。

在不同利益主体之间，企业参与校企合作投资对整个社会产生了知识外溢的正外部性，这种正外部性包含两层含义：一是投资方企业能够促进高职院校的"双元制"职业教育发展；二是投资方企业能够为社会提供人力资源，其他企业不必付出任何代价，也能够招聘到合格的职业技能人才（顾金峰和程培埕，2013）。然而，由于企业参与校企合作投资并不会形成高额的回报，因此在市场经济的利益驱动下，作为追求利润最大化的企业必然会排斥参与校企合作投资。在某个行业领域的校企合作投资项目中，若有一家企业不愿参与校企合作投资，其行为就会向其他企业释放负能量。此外，其他企业的"搭便车"行为也会造成校企合作投资的市场失灵。

企业参与校企合作投资属于一种市场经济选择行为，市场经济与社会分工决定了投资方企业与高职院校的价值观差异，二者的"利益交集"仅限于定向就业班的人才培养。然而，在人才流动、毕业生就业双向选择的时代背景下，企业知识外溢的正外部性压缩了定向就业班的人才培养"利益交集"。事实上，校企合作更多地表现为校企双方的"利益冲突"，企业的利益诉求是制约校企合作关系的主要矛盾。在校企合作关系中，公办高职院校通常处于被动地位，校企合作的刚性需求往往得不到满足，企业生产实践教学服务的供给与需求往往处于相互分离的状态，并难以形成交集（段致平等，2015）。

外部性问题的解决策略主要包括机构合并、私人交易及政府干预。由于机构合并与私人交易均不适应公共职业教育体制，因此，政府干预策略成为必要的选项。事实上，校企合作投资方企业的外部性问题无法通过私人间的内部交易来化解，需要政府的有效介入来进一步化解校企合作的利益冲突问题。若企业提供学徒培训的显性成本与机会成本都能够得到补偿，那企业参与校企合作投资的意愿就会增强。财政支持政策是政府干预的重要手段，财政贴息属于一种无偿的转移支付，政府购买服务属于一种有偿的市场交换，抵免教育专项基金能够增加企业自身的可支配收入。通过财政贴息、政府购买服务及抵免教育专项基金的政策引导，能够增强企业参与校企合作投资的动机，从而矫正校企合作投资中的外部性问题。由此，外部性理论成为本书研究的重要理论支撑。

2.2.2 公共产品理论

公共产品理论属于新政治经济学的一个分支，是协调政府与市场关系、促进政府职能转变、构建公共财政收支体系、实施公共服务市场化的基础理论。萨缪尔森（Paul A. Samuelson）（1954）提出了纯公共产品的显著特征，即效用的不可分割性、消费的非竞争性及受益的非排他性。美国经济学家詹姆斯·布坎南（James M. Buchanan）（1965）首次探讨了非纯公共产品问题，将公共产品的概念加以延伸和拓展，认为通过集体或社会团体组织提供的物品或服务都属于公共产品的范畴。桑得莫（A. Sandom）（1973）着重于从消费技术角度研究混合产品的供给问题，认为准公共产品介于纯公共产品和私人产品之间。

在计划经济时期，国有企业职业教育属于一种简单的、自给自足的职业教育体制，既不存在校企合作外部性问题，也不存在公共产品的供给问题。不同于计划经济时期的国有企业职业教育，政府办学体制下校企合作人才培养的职业教育必然存在外部性问题，因为人才流动会导致企业参与校企合作投资具有部分公共产品的特征。在政府办学体制下，职业教育属于准公共产品，具备受益的非排他性特征，但不具备消费的非竞争性特征（吴伟，2008）。这是因为在既定的教学资源约束下，随着生源数量的不断增加，教育教学成本将会持续上升。准公共产品的供给应采取公共服务市场化方式，由政府和市场共同承担供给责任。相对于传统的财政直接生产与供给，政府购买服务是一种更为有效的供给制度（丁菊红，2010），能够以市场化形式来促进社会私人部门生产与供给准公共产品。企业提供职业技能培训服务属于准公共产品的市场化供给模式（孙长远和庞学光，2016），相比于财政直接投资，校企合作与"实践教学外包服务"是一种"低成本、高效率"的职业教育供给方式（董春利和房薇，2019），能够促进职业教育采取多元主体相互合作的供给机制来实现其社会福利目标（李新华，2021）。为此，公共产品理论对本书研究具有理论指导意义。

2.2.3 人力资本理论

人力资本理论最早由美国经济学家西奥多·W. 舒尔茨（Thodore W. Schults）（1960）提出，该理论深入探讨了人力资本的形成方式及途径，并对教育投资的成本与收益做出了定量研究。人力资本理论的核心内容包括六个方面：一是人力资源是最为主要的社会资源；二是人力资本对经济增长的贡献度通常高于物质资本；三是人力资本投资的国民收入乘数效应大于物资资本投资；四是人力资本投资的目的在于提高人口质量；五是人力资本投资应以教育投资为主；六是教育投资应遵循市场规律，以劳动力价格为市场供求的衡量机制（Gary S. Becker，2016）。

舒尔茨（1960）采用生产函数分析法测算了美国 1929～1957 年间经济增长情况。结果显示，约有 710 亿美元的经济增长无法用物质资本和劳动数量加以解释，而是得益于人力资本投资。为了进一步揭示国民经济增长的潜在因素，舒尔茨（1960）运用余数分析法进行研究，认为当人力资本投资收益率等于物质资本投资收益率时，二者处于最佳投资组合状态。经济增长因素通常表现为人力资本投资所带来的劳动质量提高（钱学亚，2011），当人力资本投资收益率高于物质资本投资收益率时，表明人力资本投资已处于相对不足状态，企业就应追加人力资本投资（Gary S. Becker，2007）。尽管其他生产要素在一定程度上能够替代人力资本，但一国经济的持续增长却不能单纯地依靠物质资本和劳动力的投入数量（詹姆士·J. 海克曼，2003）。随着科技进步，教育形成的人力资本将会更多地替代其他生产要素，而且人力资本投资对经济增长还会产生长期效应（李宝元，2009）。

职业教育与技能培训是人力资本投资的重要内容，学校的专业理论教学和企业的生产实践教学均是提高人力资本积累的有效途径。在人才流动和毕业生就业双向选择的时代背景下，企业人力资本投资不仅包括教育的直接成本，还包括选择教育的机会成本（杨亚男，2019）。为了补偿企业人力资本投资的成本，提高人力资本积累水平和质量，应对企业参与校企合作投资共建实训基地项目给予政策激励，加大财政贴息、政府购买服务及抵免教育专项基金政策的支持力度。有鉴于此，人力资本理论为本书研究提供了重要的理论依据。

2.2.4 托宾投资理论

美国经济学家詹姆士·托宾（James Tobin）于 1969 年提出"托宾 Q"系数，即企业股票市值与其资产重置成本的比值。当 $Q<1$ 时，企业更加倾向于收购其他企业来实现产能扩张。当 $Q>1$ 时，企业更加倾向于自主实体投资来实现产能扩张。Fazzari、Hubbard 与 Peterson（1988）结合投资与现金流敏感性的约束条件研究企业的投资行为，提出了 FHP 模型，如式（2–1）所示。其中，I_t 为企业在第 t 期的投资额，$f(x)_t$ 为企业在第 t 期的投资机会（托宾 Q 值），$g(CF)_t$ 为企业在第 t 期的现金流，ε_t 为随机扰动项。

$$I_t = f(x)_t + g(CF)_t + \varepsilon_t \tag{2-1}$$

之后，一些研究在 FHP 模型的基础上进行了补充和修正。例如：卢馨等（2013）综合考虑企业投资的多重影响因素，在企业投资模型中引入了现金流（CF）、负债融资（$DEBT$）、股权融资（EQU）、营业收入增长（S）、投资机会（Q）、资产负债率（LEV）、企业规模（$Size$）、年份（$Year$）、行业（$Industry$）等因素，见式（2–2）。

$$I_t = \beta_0 + \beta_1 CF_t + \beta_2 DEBT_t + \beta_3 EQU_t + \beta_4 S_t + \beta_5 Q_t + \beta_6 LEV_t + \beta_7 Size_t + \beta_8 Year + \beta_9 Industry + \varepsilon_t$$

(2-2)

吴丹（2016）基于产权与产业视角，引入虚拟变量产权性质（SOE）、产业性质（$Tech$）及交乘项，构建融资约束对企业的投资影响模型 (2-3)、模型 (2-4)，其中，FCI 为融资约束指数。❶

$$I_t = \beta_0 + \beta_1 FCI_{t-1} + \beta_2 SOE + \beta_3 FCI_{t-1} \times SOE + \beta_4 Q_{t-1} + \beta_5 S_{t-1} + \beta_6 Size_t + \beta_7 Industry + \beta_8 Year + \varepsilon_t$$

(2-3)

$$I_t = \beta_0 + \beta_1 FCI_{t-1} + \beta_2 Tech + \beta_3 FCI_{t-1} \times Tech + \beta_4 Q_{t-1} + \beta_5 S_{t-1} + \beta_6 Size_t + \beta_7 Industry + \beta_8 Year + \varepsilon_t$$

(2-4)

项桂娥等（2021）基于企业的规模（$Size$）、经营年限（Age）因素构建了企业融资约束（FCI）模型 (2-5)，企业融资约束（FCI）的度量指标为 SA 指数，并结合股权融资（EQU）与融资约束（FCI）的交互项、负债融资（$DEBT$）与融资约束（FCI）的交互项，构建企业的投资模型 (2-6)、模型 (2-7)，其中，LEV 为企业的资产负债率，$SPIN$ 为企业的产品竞争力，ROE 为企业的净资产收益率。

$$SA = -0.737 Size + 0.043 Size^2 - 0.04 Age \qquad (2-5)$$

$$I_t = \beta_0 + \beta_1 EQU_t + \beta_2 FCI_t + \beta_3 EQU_t \times FCI_t + \beta_4 Size_t + \beta_5 LEV_t + \beta_6 SPIN_t + \beta_7 ROE_t + \varepsilon_t$$
(2-6)

$$I_t = \beta_0 + \beta_1 DEBT_t + \beta_2 FCI_t + \beta_3 DEBT_t \times FCI_t + \beta_4 Size_t + \beta_5 LEV_t + \beta_6 SPIN_t + \beta_7 ROE_t + \varepsilon_t$$
(2-7)

占韦威（2022）基于现金流敏感性与融资约束的基本关系，构建控制企业个体异质性和共同趋势的双向固定效应模型 (2-8)，其中，CF 为每一期的现金流，I_{t-1} 为企业滞后一期的投资额，S 为企业的营业收入，LEV 为企业的资产负债率，Q 为企业的投资机会，$Size$ 为企业的规模，μ_i 为个体固定效应，λ_t 为时间固定效应。

$$I_t = \beta_0 + \beta_1 CF_t + \beta_2 I_{t-1} + \beta_3 S_t + \beta_4 LEV_t + \beta_5 Q_t + \beta_6 Size_t + \mu_i + \lambda_t + \varepsilon_t \qquad (2-8)$$

企业参与校企合作投资必将面临现金流敏感性约束，即企业因融资难、融资贵而不具备投资能力，从而导致企业投资对现金流变动较为敏感。财政贴息对企业参与校企合作投资的影响机理是通过贴息贷款为企业注入现金流，进而改善企业融资约束、降低企业融资成本并提升企业投资能力。政府购买服务对企业参与校企合作投资的影响机理是通过购买服务价款为企业注入现金流，进而提升企业投资能力并改善企业投资倾向。抵免教育专项基金对企业参与校企

❶ 吴丹 . 融资约束对企业 R & D 投资影响的实证研究 [J]. 科技管理研究，2016(22)：102-108.

合作投资的影响机理是通过降低税费负担为企业注入现金流，进而提升企业投资能力并改善企业投资倾向。此外，企业参与校企合作投资还涉及选择的机会成本，机会成本等于企业放弃主营业务投资所带来的潜在损失。基于此，托宾投资理论中的现金流敏感性与投资机会选择为本书研究提供了重要的理论借鉴。

2.3　财政支持政策的作用机制及实施效应传导路径

按照产教融合实训基地项目的实施周期，企业参与校企合作投资涉及项目建设期投资和项目运营期投资，项目建设期投资需要配套的贴息贷款支持，项目运营期投资需要通过政府购买服务方式来补偿其显性成本。由于企业参与校企合作投资具有部分公共品特征，因此未参与投资的企业也会从中受益。为了补偿企业因选择参与校企合作投资的机会成本，我国实施了抵免教育专项基金政策。基于此，本书将影响企业参与校企合作投资的财政政策界定为财政贴息、政府购买服务及抵免教育专项基金，下面将分别探讨每一种财政支持政策的作用机制。

2.3.1　财政贴息的作用机制及实施效应传导路径

（1）财政贴息的作用机制

财政贴息的作用机制是通过改善企业融资约束、降低企业融资成本来进一步提升企业投资能力，最终形成财政贴息对企业投资的杠杆效应，即企业投资与财政贴息的倍数关系。

①财政贴息通过改善企业融资约束与降低融资成本影响投资。融资难往往是困扰企业参与校企合作投资的主要问题，而财政贴息恰好能够有效提升企业的信贷评级。❶ 按照信贷评级的不同（表2–2），商业银行通常将客户群体划分为9个等级：AAA、AA、A，BBB、BB、B，CCC、CC、C。由表2–2可知，商业银行往往更加倾向于AAA、AA、A级客户，BBB、BB级客户往往被边缘化。一般而言，信誉良好的中小企业往往也被商业银行列为一般客户，即存在一定的融资约束。从某种意义上讲，财政贴息相当于为企业提供了政府的信誉担保，贷款银行作为理性经济人，必然主动寻求信贷合作机会。相比明补方式，暗补方式的财政贴息更有利于改善中小企业的融资约束。因为暗补方式下财政贴息直接划拨给贷款银行。对于贷款银行而言，暗补方式的财政贴息不仅能够降低信贷风险损失，还能够享受企业所得税对财政贴息免税的税收优惠。

---

❶　资料来源：标准普尔（Standard & Poor's）和穆迪（Moody's）的评级标准。

表 2-2　商业银行的信贷评级标准

信贷评级	评级标准	客户群体划分	贷款发放
AAA	最高质素、无风险	VIP 贵宾客户	可以发放各类贷款
AA	高质素、风险低	优质客户	可以发放各类贷款
A	还款能力强、风险较低	良好客户	提供抵押或担保（短期、中长期）
BBB	还款能力足够、存在少量风险因素	一般客户	提供抵押或担保（3 年期以内）
BB	具有还款能力、存在一定风险因素	一般客户	提供抵押或担保（短期贷款）
B	还款能力一般、存在较多风险因素	不良客户	抵押或担保且严格审查
CCC	还款能力受限、存在重大风险因素	劣质客户	拒绝发放贷款
CC	没有还款能力、存在重大风险因素	劣质客户	拒绝发放贷款
C	没有还款能力、存在违约风险因素	劣质客户	拒绝发放贷款

　　在银企信贷谈判中，银行与企业之间的谈判往往处于两种不对等的状况：一种状况是大型企业处于主动地位，贷款银行处于被动地位；另一种状况则是中小企业处于被动地位，贷款银行处于主动地位。如图 2-1 所示，在银行与大型企业的信贷供求关系中，银行的信贷供给富有弹性，而大型企业的信贷需求却富有刚性。这说明财政贴息对银行的信贷供给影响较大，对企业的信贷需求影响不大，因此明补方式的财政贴息更有利于促成银企信贷合作。如图 2-2 所示，在银行与中小企业的信贷供求关系中，银行的信贷供给往往缺乏弹性，而中小企业的信贷需求却富有弹性。这说明财政贴息对银行的信贷供给影响不大，对企业的信贷需求影响较大，因此暗补方式的财政贴息更有利于促成银企信贷合作。企业参与项目建设期投资需要完成大规模的固定资产投资，融资约束是困扰企业投资的主要矛盾。中小企业申请贷款融资难，财政贴息能够有效提升企业资信等级，并为企业争取银行信贷支持。大型企业不愿申请贷款融资，因为其他融资渠道成本更低，财政贴息能够进一步降低企业融资成本。基于此，财政贴息能够改善企业融资约束并促成银企信贷合作，进而为项目建设期的各类固定资产投资提供稳定的资金来源。

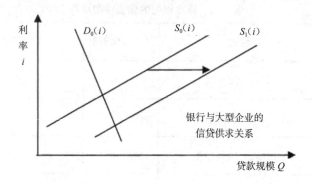

图 2-1　财政贴息对大型企业的信贷供求关系影响

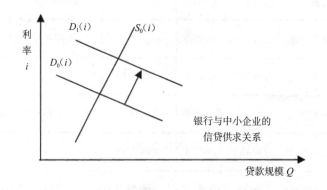

图 2-2　财政贴息对中小企业的信贷供求关系影响

②财政贴息通过影响企业融资成本和投资能力形成企业投资杠杆效应。企业投资能力是指满足产教融合实训基地项目建设期投资所需资金的能力，企业投资能力往往受制于可支配的现金流。在产教融合实训基地的项目建设期，企业参与校企合作投资通常没有任何产出回报和收益来源，资金短缺往往是抑制企业投资增长的主要因素。在贴息贷款政策下，企业仅承担贷款利息与财政贴息差额部分的利息，因此能够为企业注入现金流并对私人投资产生促进作用（郭杰，2004）。同时，财政贴息还能对企业投资形成杠杆效应，体现为项目建设期投资与财政贴息的倍数关系。如图 2-3 所示，财政贴息会降低企业实际融资成本，实际利率 i_1 等于贷款合同利率 i_0 减去贴息率，贴息率等于财政贴息除以贴息贷款本金，融资成本下降会刺激企业投资增长 $[IS(i_0) \rightarrow IS(i_1)]$，进而带动职业教育产出增长（$Y_0 \rightarrow Y_1$）。融资成本下降和投资能力提升又会形成财政贴息对企业投资的投资杠杆效应。

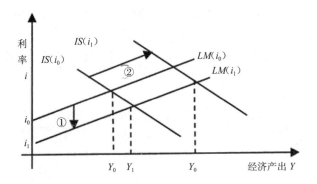

图 2-3　财政贴息刺激企业投资增长

（2）财政贴息的实施效应传导路径

财政贴息的实施效应表现为两个方面：一方面，地方财政运用少量贴息补助来间接地引导银行信贷资本支持产教融合型企业的人力资本投资；另一方面，地方财政运用少量贴息补助来降低企业融资成本、扩大企业免税收入、增加企业现金流入，并以此促进企业参与产教融合实训基地项目建设期投资。财政贴息的实施效应可量化为企业投资变动对财政贴息的敏感度，其中，财政贴息为"因"，企业投资变动为"果"。对于高职院校产教融合实训基地项目而言，地方财政既可以采取明补方式下的财政贴息（财政贴息直接划拨给企业），也可以采取暗补方式下的财政贴息（财政贴息直接划拨给贷款银行）。下面分别就明补方式下的财政贴息与暗补方式下的财政贴息来探讨财政贴息实施效应的传导路径。

①明补方式下的财政贴息，是指通过降低企业融资成本、扩大企业免税收入、增加企业现金流入，来促进产教融合型企业增加人力资本投资与产出。明补方式下的财政贴息往往会要求企业先还息还贷、再申请贴息，按贴息支付方式的不同，又可细分为一次性财政贴息（FD_a）和分次、分期财政贴息 [FD_t（$t=1$，2，$\cdots$，n，n 为贴息年限）]。一次性财政贴息（FD_a）是指在项目贷款期结束后，企业向地方财政提供全部利息清单，来申请一次性贷款贴息补助，其效应的传导路径如图 2-4 所示。分次、分期财政贴息 FD_t 是指在项目贷款期内，企业分次、分期向地方财政提供利息清单，来申请分次、分期贷款贴息补助，其效应的传导路径如图 2-5 所示。事实上，明补方式下财政贴息政策支持却存在正反两方面的效应，在此需要运用辩证逻辑思维来看待和分析问题。明补方式下财政贴息政策支持的正面效应：企业与商业银行通过竞争性谈判来确定融资借贷的合同利率，政府不干预微观金融市场的利率形成，信用违约风险损失能够通过利率风险溢价得到有效补偿。明补方式下财政贴息政策支持可能存在的负面效应：中小企业往往难以取得借款合同利率的竞争谈判优势，若企业的预期融资利率加上财政贴息仍然达不到借款合同利率，那么微观金融市场的融资供求曲线还将处于相互分离

的状态。此外，当市场利率处于相对高位时，融资供给曲线与融资需求曲线均缺乏利率价格弹性，一方面，财政贴息政策不能有效促进银行信贷对中小企业的支持；另一方面，财政贴息政策的操作成本过高且具有时滞性，企业的部分融资需求仍然得不到满足。

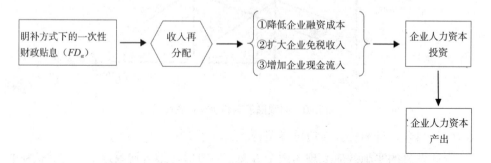

图 2-4　明补一次性财政贴息实施效应的传导路径

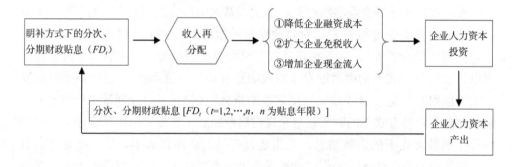

图 2-5　明补分次、分期财政贴息实施效应的传导路径

②暗补方式下的财政贴息，是指通过刺激银行信贷发放、降低企业融资成本、增加企业现金流入，来促进产教融合型企业增加人力资本投资与产出。暗补方式下的财政贴息能确保银行如期收到贷款利息，是刺激银行信贷发放的有效工具。尽管企业在名义上收不到财政贴息补助，但暗补方式下的财政贴息却能够间接地降低企业融资成本、增加企业现金流入。暗补方式下的财政贴息往往会要求企业先申请贴息、再签借款合同，按贴息支付方式的不同，又可细分为一次性财政贴息（FD_a）和分次、分期财政贴息 [FD_t（$t=1$, 2，…，n, n 为贴息年限）]。一次性财政贴息（FD_a）是指在借款合同签订后，由地方财政一次性将贴息款项划拨给银行，先收息、后放贷能够有效刺激银行信贷发放意愿，其效应的传导路径如图 2-6 所示。分次、分期财政贴息（FD_t）是指在贷款本金发放后，按照借款合同约定，地方财政分次、分期将贴息款项划拨给银行，其效应的传导路径如图 2-7 所示。暗补方式下的财政贴息政策还会为商业银行（金融企业）带来企业所

得税税收红利。按照现行《企业所得税法》(第七条规定),企业取得的各类财政拨款不计入企业所得税的应纳税所得额。事实上,暗补方式下的财政贴息政策支持也并非是完美无缺的,政策实施的正面效应与负面效应均不容忽视。暗补方式下财政贴息政策支持的正面效应:财政贴息能够破解信息不对称难题,地方财政可将项目评估报告所承载的相关信息传递给商业银行,进而提升产教融合型企业的信用评级,并促成银企信贷合作关系。暗补方式下财政贴息政策支持可能存在的负面效应:地方财政向商业银行提供贴息,往往会人为地干预借款合同利率,使得借款合同利率偏离正常的市场利率,这一举措必然会削弱市场利率的价格调控机制。

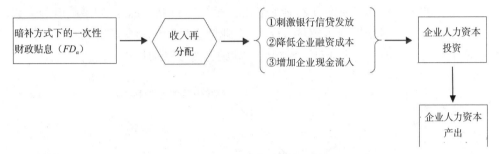

图 2-6 暗补一次性财政贴息实施效应的传导路径

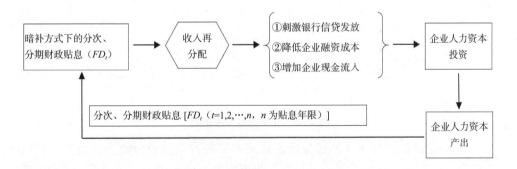

图 2-7 暗补分次、分期财政贴息实施效应的传导路径

2.3.2 政府购买服务的作用机制及实施效应传导路径

(1)政府购买服务的作用机制

政府购买服务的作用机制是通过补偿企业参与校企合作项目运营期投资的显性成本,来进一步提升企业投资能力并改善企业投资倾向。

①政府购买服务通过补偿显性成本影响投资。显性成本是指企业为加工产品或提供劳务所投入的各类要素成本,包括材料费、人工费及其他费用等有形成本。由于企业投资提供实践教学服务具有部分公共品特征,因此政府购买服务属

于收入再分配的一种形式，即在不干预市场价格形成的约束下，实现企业教育服务与人才培养的成本补偿（陈振明，2003）。政府购买服务旨在以最低保本价格来补偿企业投资的显性成本，使得企业处于盈亏平衡状态。其中的一个问题是最低保本价格的确定。原则上，最低保本价格等于企业投资的显性成本除以企业的预期保本销量，鉴于投资的显性成本可分为固定投资成本和变动投资成本，最低保本价格等于固定投资成本除以预期销量，再加上单位变动成本。最低保本价格往往是影响政府购买服务实施效应的关键因素，而预期销量又是影响最低保本价格的重要因素。图 2–8 展示了企业的盈亏平衡点，在产教融合实训基地的项目运营期，政府购买服务的招标价格往往等于行业企业的最低保本价格（P_0），如果政府购买数量能够超过企业的预期保本销量（Q_0），企业就会持续增加各类要素投资，即企业处于盈利区；否则，企业处于亏损区，就缺乏持续增加投资的动力。

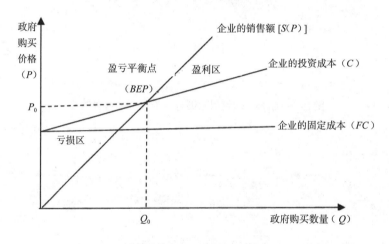

图 2–8　企业的盈亏平衡点

②政府购买服务通过补偿显性投资成本来提升企业投资能力并改善投资倾向。企业投资能力反映为能够满足项目投资所需资金的能力，而政府购买服务旨在为企业参与校企合作项目运营期投资提供稳定的现金流。在项目运营期，企业需要完成实践教学服务的材料费、人工费及设施维护费的投资，稳定的现金流是维持企业投资的前提条件。一般来说，对于企业提供的各类实践教学服务，政府公办高职院校都能够按照合同履行按期付款义务。然而，招标合同约定的预付款比例通常为 60%[1]，这就意味着企业要为实践教学服务投入预先垫款，企业投资能力会受制于经营状况的约束。若企业所在行业发展速度较快，经营状况持续见好，企业就有足够的现金流用于垫款；反之，企业就没有足够的现金流用于垫款。因此，政府购买服务对不同经营状况的企业投资会产生异质性影响。企业投

---

[1]　数据来源：全国公办高职院校发布的招标信息。

资倾向反映为投资增量与收入增量之间的比例关系，政府购买服务是通过增加企业的销售收入来促进企业参与校企合作项目运营期投资。企业参与校企合作人才培养被视为私人提供公共服务，政府购买服务的本质是以市场交易来促进企业的行为选择（陈岳堂和首家荣，2019）。在资源禀赋约束下，企业提供实践教学服务可视为人力资本投资，由此放弃的主营业务投资可视为物资资本投资，二者互为负相关的替代关系，即满足生产可能性曲线。为了便于分析，假设企业生产两种商品 X、Y，其中，X 为企业实践教学服务，Y 为主营业务。如图 2-9 所示，在政府购买服务之前，企业并不情愿参与校企合作投资，生产可能性曲线为 E_0F_0（企业倾向于主营业务投资）；单个院校的分散购买组织形式往往难以达到企业的最低保本销量，因此企业投资倾向并未获得显著改善，生产可能性曲线为 E_1F_1（企业仍然倾向于主营业务投资）；多个院校的集中联合购买组织形式往往易于达到企业的最低保本销量，因此企业投资倾向能够得到显著改善，即生产可能性曲线变为 E_2F_2（企业开始倾向于实践教学服务投资）。由于政府购买服务是市场竞争机制与财政支出管理的有机结合，中标价格客观反映了市场供求关系，因此企业依此调整投资倾向不会出现投资过度或投资不足的现象。

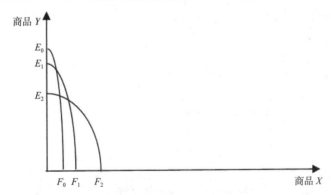

图 2-9 政府购买服务影响企业投资倾向

（2）政府购买服务的实施效应传导路径

在毕业生就业双向选择和人才流动的时代背景下，产教融合型企业为在校生提供学徒制培训服务具有知识外溢的正外部性，即学徒制培训服务具有部分公共品特征。由于产教融合型企业提供学徒制培训服务的私人边际收益低于社会边际收益，而私人边际成本却高于社会边际成本，因此企业都不情愿参与校企合作人才培养项目。基于此，政府购买服务是一种新兴的职业教育供给方式，能够协调并解决校企合作人才培养的利益冲突问题。政府购买服务的实施效应可以量化为企业投资变动对政府购买服务的敏感度，其中，政府购买服务为"因"，企业投资变动为"果"。政府购买服务作为财政政策工具，效应的传导中介目标为收入再分配，通过政府购买价款增加企业营业收入、补偿企业经营成本、增加企业现金流入，进而实现其最终目标：增加企业人力资本投资、扩大企业人力资本产出。在高职院校产教融合实训基地的项目运营期，不同购买方式下政府购买服务的实施效应有着不同的传导路径。

①公开招标方式下政府购买服务的实施效应传导路径。公开招标方式下政府购买服务的实施效应取决于招标价款，即招标价款能否为企业带来无差别的销售毛利和稳定的现金流入。公开招标方式下，整个交易市场接近于完全竞争市场，因此招标方与投标方均不能影响市场价格，此时的购买服务价格（GP_e）将近似于市场出清价格。政府购买服务的实施效应传导路径（图 2–10）：购买服务价格（GP_e）→无差别的销售毛利率（$IDGSP$）（企业主营服务的销售毛利，AC 为平均生产成本）→稳定的现金流入（SCF）（无信用违约、如期收到款项）→刺激企业增加人力资本投资（HCI）→促进企业扩大人力资本产出（HCO）。公开招标方式下市场需求量（Q_d）趋近于企业的利润最大化产量（Q_e）（边际收益 MR 等于边际成本 MC），企业的边际收益（MR）恒等于购买服务价格（GP_e）。相对于院校分散购买组织形式，多所院校集中联合购买能够形成批量规模效应，其批量购买单价（GP_{elm}）较低，企业批量单位生产成本（PC_{1m}）也较低。

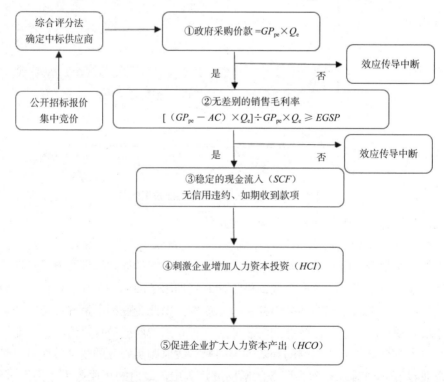

图 2–10　公开招标方式下政府购买服务的实施效应传导路径

②竞争性磋商方式下政府购买服务的实施效应传导路径。竞争性磋商方式下政府购买服务的实施效应取决于购买服务价格，而购买服务价格又取决于投标方企业的竞标报价和垄断竞争销量。竞争性磋商方式下整个交易市场接近于垄断竞争市场，因此招标方与投标方均能够在一定程度上影响市场价格，此时的政府购买服务价格（GP_{me}）近似于垄断竞争价格。政府购买服务实施效应的传导路径（图 2-11）：政府购买价款 [政府购买价格（GP_{me}）× 垄断竞争销量（Q_{me}）] → 预期销售毛利（$EGSP$）[初始竞标报价（BP_0）× 预期销量（Q_0）－平均单位生产成本（AC）× 预期销量（Q_0）] → 稳定的现金流入（SCF）（无信用违约、如期收到款项）→ 刺激企业增加人力资本投资（HCI）→ 促进企业扩大人力资本产出（HCO）。相对于院校分散购买组织形式，多所院校集中联合购买能形成批量规模效应，其批量购买单价（GP_{me1m}）较低，企业的批量单位生产成本（PC_{1m}）也较低，企业的预期销量（Q_1）将趋近于垄断竞争销量（Q_{me1}）。

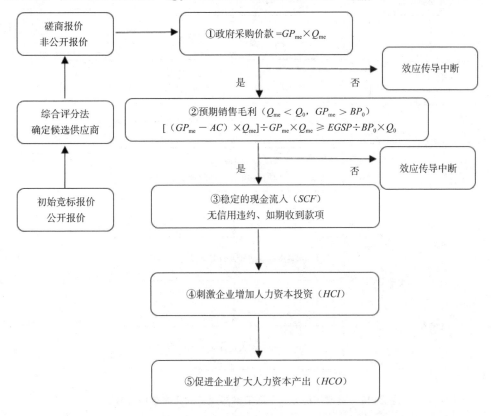

图 2-11 竞争性磋商方式下政府购买服务的实施效应传导路径

③邀请招标方式下政府购买服务的实施效应传导路径。邀请招标方式下政府购买服务的实施效应取决于招标价款，即招标价款能否为产教融合型企业带来无

差别的销售毛利和稳定的现金流入。在邀请招标方式下，整个交易市场接近于寡头垄断市场，购买服务价格（GP_{ol}）往往取决于投标方企业的最低报价。政府购买服务的实施效应传导路径（图2-12）：购买服务价款[招标购买价格（GP_{ol}）×寡头垄断销量（Q_{ol}）=最低竞标报价（BP_{ol}）×利润最大化产量（Q_{ol}）]→无差别的销售毛利率（$IDGSP$）（企业主营业务的销售毛利率，AC为平均生产成本）→稳定的现金流入（SCF）（无信用违约、如期收到款项）→刺激企业增加人力资本投资（HCI）→促进企业扩大人力资本产出（HCO）。相对于院校分散购买组织形式，多所院校集中联合购买能形成批量规模效应，其批量购买价格（GP_{olm}）较低，企业的批量单位生产成本（PC_{1m}）也较低，企业的利润最大化产量（Q_{ol}）将趋近于市场需求量（Q）（$Q_{ol} < Q$）。

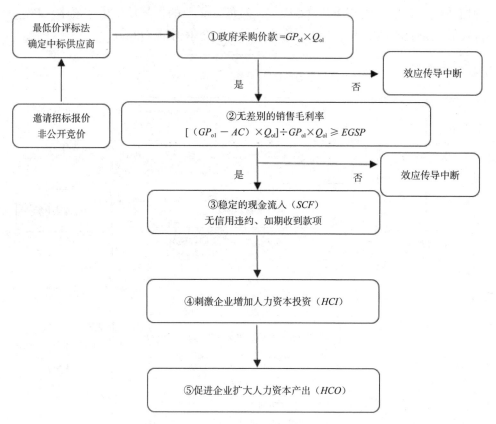

图2-12　邀请招标方式下政府购买服务的实施效应传导路径

④单一来源方式下政府购买服务的实施效应传导路径。单一来源方式下政府购买服务的实施效应取决于购买服务价款，即招标购买价款能否为产教融合型企业带来无差别的销售毛利和稳定的现金流入。在单一来源方式下，整个交易市场

将接近于完全垄断市场，因此招标价格（GP_{cm}）往往取决于企业的定价。对于实践教学服务的后续添购项目，单一来源方式并不会影响其市场交易价格（原采购合同已约定价格），政府购买服务的实施效应传导路径（图2–13）：购买服务价款 [购买服务价格 GP_{cm1} × 市场需求量 $Q(P)$ ＝原采购合同协议价格 AP × 市场需求量 $Q(P)$] →预期销售毛利率（$IDGSP_1$）→稳定的现金流入（SCF）（无信用违约、如期收到款项）→刺激企业增加人力资本投资（HCI）→促进企业扩大人力资本产出（HCO）。对于仅有唯一承接供应商的实践教学服务，承接供应商企业处于完全垄断地位，政府购买服务的实施效应传导路径（图2–14）：购买服务价款 [政府指导定价 GPP × 市场需求量 $Q(P)$] →预期销售毛利率 $IDGSP_2$ →稳定的现金流入（SCF）（无信用违约、如期收到款项）→刺激企业增加人力资本投资（HCI）→促进企业扩大人力资本产出（HCO）。

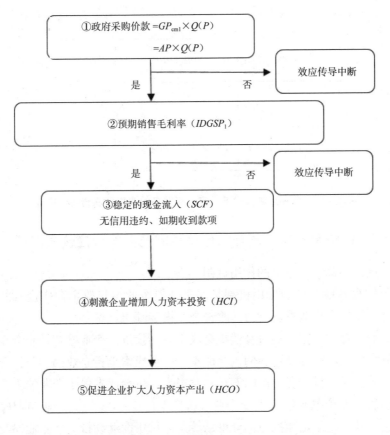

图2–13 单一来源方式下政府购买服务的实施效应传导路径

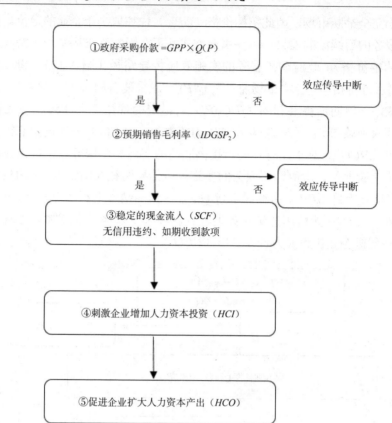

图 2-14 单一来源方式下政府购买服务的实施效应传导路径Ⅱ

2.3.3 抵免教育专项基金的作用机制及实施效应传导路径

（1）抵免教育专项基金的作用机制

抵免教育专项基金的作用机制是通过补偿企业参与校企合作投资的机会成本，来进一步提升企业投资能力并改善企业投资倾向。

①抵免教育专项基金通过补偿机会成本影响投资。企业参与校企合作投资不仅涉及显性成本，还涉及选择的机会成本。机会成本是指企业因参与校企合作投资，放弃主营业务投资所形成的潜在利益损失，机会成本等于企业的主营业务利润。我国教育专项基金政策准予企业按投资额的 30% 来抵免企业当期应纳教育专项基金，其中，未足额抵免部分可结转至以后年度继续抵免。企业参与校企合作项目建设期投资机会成本（PCPIOC）[（见式（2-9）] 等于自筹资本金（SRC）乘以主营业务利润率（Mbpm），再加上贷款利息（Li）与财政贴息（Fdi）的差额部分。企业参与校企合作项目运营期投资的机会成本（POPIOC）[（见

式（2-10）] 等于材料费（Mc）、人工费（Lc）及其他费用（Oe）之和乘以主营业务利润率（Mbpm）。根据 2022 年中国统计年鉴数据，除采矿业、石油和天然气开采业、烟草制品业、酒饮料和精制茶制造业、医药制造业、旅游餐饮业、金融业等行业外，其他行业企业的总体销售毛利率水平均处于 30% 以内。显然，除了上述几个少数行业外，按投资额的 30% 抵免教育专项基金能够补偿大多数企业参与校企合作投资的机会成本，进而促进企业持续增加校企合作投资。

$$PCPIOC = SRC \times Mbpm + (Li - Fdi) \tag{2-9}$$

$$PCPIOC = (Mc + Lc + Oe) \times Mbpm \tag{2-10}$$

②抵免教育专项基金通过补偿投资机会成本来提升企业投资能力并改善投资倾向。企业投资能力反映为能够满足项目投资所需资金的能力，抵免教育专项基金不仅能够满足项目建设期投资所需现金流，而且能够满足项目运营期投资所需现金流。在产教融合实训基地的项目建设期，贴息贷款本金与财政贴息不能充分满足项目投资所需现金流，自筹资本金、贷款利息与财政贴息的差额部分仍需补充一定的现金流。在产教融合实训基地的项目运营期，政府购买服务不能为企业带来充足的经营现金流，材料费、人工费及其他费用的投资可能无法形成资本增值。在这种情况下，抵免教育专项基金能够增加企业的可支配收入，并使企业能够获得额外留存收益和现金流，进而提升企业投资能力。企业投资倾向体现为投资增量与其收入增量之间的比例关系。抵免教育专项基金增加了企业的可支配收入，进而为企业未来投资提供了资本积累，而资本积累将扩大企业产能，即生产可能性曲线不断向外扩张。如图 2-15 所示，假设企业生产两种商品 X、Y，X 为企业实践教学服务，Y 为企业的主营业务，其中，E_0F_0 为教育专项基金政策实施前的生产可能性曲线（企业倾向于主营业务投资）；E_1F_1 为项目建设期投资抵免教育专项基金后的生产可能性曲线（企业逐渐倾向于产教融合实训基地项目投资）；E_2F_2 为项目运营期投资抵免教育专项基金后的生产可能性曲线（企业倾向于实践教学服务投资）。相比图 2-9，在财政贴息与政府购买服务的基础上，实施抵免教育专项基金政策能够使得企业获得额外投资收益，并确保企业参与校企合作投资的潜在收益不低于主营业务投资收益。

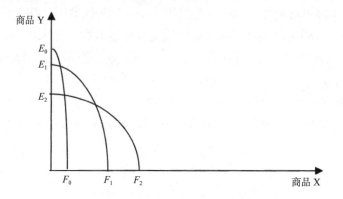

图 2-15　抵免教育专项基金能够提升企业投资能力

（2）抵免教育专项基金的实施效应传导路径

抵免教育专项基金能够通过降低企业的税金及附加（教育费附加和地方教育附加）来增加企业的销售毛利、营业利润及经营净现金流量，从而促进企业增加人力资本投资（HCI）：校企共建产教融合实训基地。抵免教育专项基金的实施效应是指抵免应纳额对企业参与校企合作投资项目的影响，即抵免应纳额能否或在多大程度上促进企业增加人力资本投资（HCI）。抵免教育专项基金的实施效应可量化为企业投资额变动对抵免应纳额变动的敏感度，其中，抵免应纳额为"因"，企业的投资额变动为"果"。教育专项基金的抵免方式往往会影响企业的人力资本投资效应，下面分别探讨征收率式抵免、计征基数式抵免及征收额式抵免的实施效应传导路径。

①征收率式抵免的实施效应传导路径。征收率式抵免是通过从低适用征税率，降低企业的税金及附加（$T\&S$），增加企业的销售毛利（GPS）、营业利润（OP）及经营净现金流量（$NOCF$），其效应传导路径参见图 2-16。在征收率式抵免下，教育专项基金（教育费附加与地方教育附加）的抵免额（$SFECA_1$）[见式（2-11）]受征收率差异、计征基数的影响，征收率差异[基本征收率（PCr_e）与低征收率（PCr_1）之间的差异]越大、计征基数（企业当期实际缴纳的增值税与消费税）（PD）越大，企业所能够享受的抵免额就越大。因此，在征收率差异既定的情况下，征收率式抵免的实施效应受制于计征基数（企业当期实际缴纳的增值税与消费税）的约束。如果企业应纳教育费附加与地方教育附加的计征基数（企业当期实际缴纳的增值税与消费税）较小，那么教育专项基金征收率式抵免的实施效应传导将被阻断。此外，企业投资额与教育费附加的计征基数难以形成对应关系，这是因为企业当期实际缴纳的增值税与消费税并非取决于企业投资额。不同的企业有着不同的计征基数，计征基数大的企业未必有足够多的投资额，反之，投资额大的企业未必有足够多的计征基数。基于此，征收率式抵

免往往会产生政策的实施效应偏差。

$$SFECA_1 = PD \times (PCr_e - PCr_1) \tag{2-11}$$

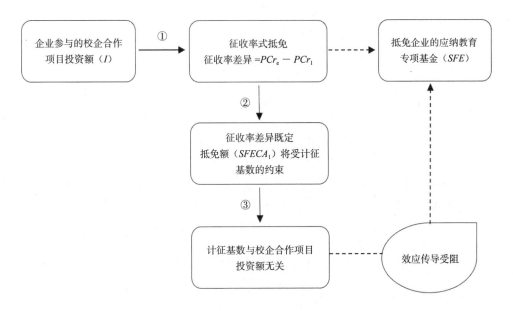

图 2-16　征收率式抵免的实施效应传导路径

②计征基数式抵免的实施效应传导路径。计征基数式抵免是通过调减计征基数来降低企业的税金及附加（$T\&S$），增加企业的销售毛利（GPS）、营业利润（OP）及经营净现金流量（$NOCF$），其效应的传导路径参见图 2-17。在计征基数式抵免下，教育专项基金（教育费附加与地方教育附加）的抵免额（$SFECA_2$）受适用征收率、初始计征基数及校企合作项目投资额的影响，征收率（PCr）越高、初始计征基数（PD_0）（企业当期实际缴纳的增值税与消费税）越大、校企合作项目投资额（I）越大，企业能够享受的抵免额就越大。因此，在校企合作项目投资额（I）既定的情况下，计征基数式抵免分配效应受制于征收率（PCr）、初始计征基数（PD_0）（企业当期实际缴纳的增值税与消费税）的约束。其调减计征基数 ΔPD[见式（2-12）] 往往参照校企合作项目投资额（I）的一定比例，在此假设为 $\gamma\%$。当且仅当初始计征基数（PD_0）≥计征基数抵减额（ΔPD）时，企业才能够享受教育专项基金的计征基数式抵免 [见式（2-13）]。若初始计征基数（PD_0）<计征基数抵减额（ΔPD），企业就不能够在当期享受教育专项基金的计征基数式抵免，即教育专项基金计征基数式抵免的实施效应传导将被阻断。此外，由于教育专项基金（教育费附加与地方教育附加）的抵免额（$SFECA_2$）受 $\gamma\%$ 与 PCr 的双重因素制约，因此计征基数式抵免的实施效应将被弱化。

$$\Delta PD = I \times \gamma\% \tag{2-12}$$

$$SFECA_2 = \begin{cases} I \times \gamma\% \times PCr \\ PD_0 \geqslant \Delta PD \end{cases} \tag{2-13}$$

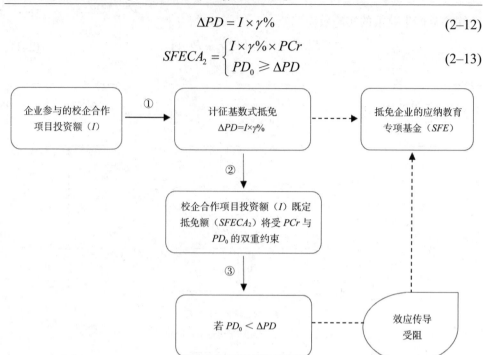

图 2-17　计征基数式抵免的实施效应传导路径

③征收额式抵免的实施效应传导路径。征收额式抵免是通过直接减免应纳额，降低企业的税金及附加（*T&S*），增加企业的销售毛利（*GPS*）、营业利润（*OP*）及经营净现金流量（*NOCF*），其效应的传导路径参见图 2-18。在征收额式抵免下，教育专项基金（教育费附加与地方教育附加）的抵免额（$SFECA_3$）[见式（2-14）] 受校企合作项目投资额（*I*）和抵免率（$\gamma\%$）的影响，校企合作项目投资额（*I*）越大，抵免率 $\gamma\%$ 越高，企业能够享受的抵免额就越大。相比征收率式抵免和计征基数式抵免，征收额式抵免分配效应的传导具有比较优势，因为教育专项基金（教育费附加与地方教育附加）的抵免额（$SFECA_3$）与校企合作项目投资额（*I*）能够形成对应关系。尽管如此，在校企合作项目投资额（*I*）、抵免率（$\gamma\%$）既定的情况下，征收额式抵免的实施效应将受制于企业应纳教育专项基金（*ESFP*）（教育费附加和地方教育附加）的约束。若 $ESFP < I \times \gamma\%$，企业就无法在当期享受教育专项基金的征收额式抵免，即征收额式抵免的实施效应传导将被阻断。

$$SFECA_3 = \begin{cases} I \times \gamma\% \\ ESFP \geqslant I \times \gamma\% \end{cases} \tag{2-14}$$

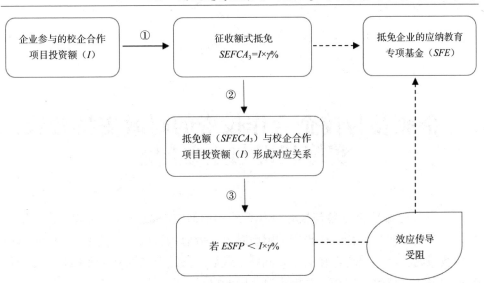

图 2-18　征收额式抵免的实施效应传导路径

3　企业参与校企合作投资的财政支持政策：实施状况与主要问题

本章首先梳理企业参与校企合作投资的财政支持政策变迁过程与内容；然后，分析企业参与校企合作投资的财政贴息、政府购买服务及抵免教育专项基金三项政策的实施状况与存在的主要问题；最后，归纳总结国外企业参与校企合作投资的财政支持政策实践，并提出对我国的启示。

3.1　企业参与校企合作投资的财政支持政策变迁

我国企业参与校企合作投资的财政支持政策演变大致历经了三个阶段：一是 1952～1999 年国有企业参与技工学校投资的财政支持政策；二是 2000～2017 年民营企业参与民办职业院校投资的财政支持政策；三是 2018 年至今各类企业参与公办职业院校投资的财政支持政策。

3.1.1　国有企业参与技工学校投资的财政支持政策：1952～1999 年

中华人民共和国成立之初，政府对职业教育的投入规模较小，技工人才培养更多地依托国有企业完成实践教学投资。1952 年 9 月，我国政府制定了"一五"发展规划。为了实现"一五"发展规划中的职业教育目标，全国各地的国有企业都积极开展投资办学。为构建国有企业投资办学的长效机制，我国政府制定了国有企业利润上缴扣除的财政支持政策，规定国有企业技工学校的所有教育经费支出准予在上缴财政前扣除。国有企业利润上缴扣除属于政府矫正校企合作外部性问题的一种财政支持政策，技工学校的办学实践表明该政策的实施取得了显著成效。

在计划经济时期，由于国有企业技工学校实行"计划招生、定向分配"的制度，几乎不存在人才流失现象，因此企业投资办学的成本都能够得到有效补偿。此外，国有企业参与技工学校投资办学具有显著的专业化分工特征，如全国设立了铁路机车技师学校、钢铁冶金工业学校、船舶重工学校、汽车工业学校、石油化工学校及纺织工业学校等。学校的专业设置与企业生产用工之需相契合，因此企业也有动力为学校提供实践教学基地。20 世纪 80 年代末，部分国有企业经营出现了亏损，国有企业利润上缴扣除政策不能有效解决技工学校办学经费短缺的问题。之后，随着国有企业改制的进一步深化，技工学校逐步撤并移交给地方政府。到 1999 年，计划经济时期的国有企业技工学校逐渐退出了职业教育领域，取而代之的是政府公办职业院校和私立民办职业院校。

3.1.2　民营企业参与民办职业院校投资的财政支持政策：2000 ~ 2017 年

2000 年以来，为促成以政府办学为主体、全社会积极参与、公办教育与民办教育共同发展的新格局，我国政府陆续出台了相关政策文件。2002 年 12 月，颁布了《民办教育促进法》，明确规定："民办教育属于社会公益性事业，是我国教育事业的组成部分。"2010 年 5 月，国务院印发并实施《关于鼓励和引导民间投资健康发展的若干意见》，强调支持民间资本兴办职业教育。2012 年 6 月，教育部印发《关于鼓励和引导民间资金进入教育领域促进民办教育健康发展的实施意见》，进一步明确要鼓励和引导民间资金以独立举办、合作举办等多种形式兴办民办学校。

在上述时代背景和政策引导下，很多民营企业通过投资入股的形式参与校企合作投资办学，并按照持股比例享受民办高职院校的办学结余分配。在财政支持政策方面，按照《企业所得税法》的规定，非营利性民办学校取得的学费收入和住宿费收入均被纳入免征企业所得税范围。另据《全面推开营业税改征增值税试点的通知》（财税〔2016〕36 号），民办高职院校提供学历教育服务取得的收入被纳入免征增值税范围。在一定程度上，免征企业所得税和增值税能够降低民办高职院校办学成本并增加办学结余，进而化解民营企业参与高职院校投资办学的外部性矛盾。

3.1.3　各类企业参与公办职业院校投资的财政支持政策：2018 年至今

2018 年以来，为了引导各类企业参与公办高职院校的产教融合实训基地项目投资，我国陆续出台了相关政策文件。2018 年 2 月 5 日，教育部、国家发改委、工业和信息化部、财政部、人力资源和社会保障部、国家税务总局联合发布《职业学校校企合作促进办法》（教职成〔2018〕1 号），该办法第二十条规定："鼓励各地通过政府和社会资本合作、贴息贷款、购买服务等形式来支持校企合作。"2019 年 6 月，国家财政部、税务总局联合发布《关于调整部分政府性基金有关政策的通知》，规定："企业参与产教融合实训基地项目投资可按投资额的30%，抵免企业当年应纳教育费附加和地方教育附加，未足额抵免部分结转至以后年度继续抵免。"2019 年 7 月，中共中央全面深化改革委员会第九次会议审议通过了《国家产教融合建设试点实施方案》，提出落实组合投融资和财政政策支持，中央预算内投资支持试点城市自主规划建设产教融合实训基地。

概言之，为了激励企业参与校企合作投资，我国采取了财政贴息、政府购买服务及抵免教育专项基金的组合式财政支持政策。财政贴息能够覆盖各类行业企业，企业参与校企合作项目建设期投资就可以享受贴息补助。政府购买服务以成本定价法来制定招标价格，企业参与校企合作项目运营期投资的显性成本能够得到补偿。为有效补偿企业参与校企合作投资的机会成本，我国又实施了投资抵免教育专项基金政策。

3.2 企业参与校企合作投资的财政支持政策实施状况

3.2.1 财政贴息：政策内容与实施成效

2018 年以来，在《职业学校校企合作促进办法》（教职成〔2018〕1 号）的引导下，各级财政积极落实企业参与产教融合实训基地项目的贴息贷款支持。2022 年 9 月 7 日，国务院常务会议提出对高职院校实训基地项目实施贴息贷款支持，中央财政贴息 2.5 个百分点，期限为 2 年。目前，在全国范围内，还尚未形成统一的贴息参考标准。地方财政可以结合其财力情况，自主选择贴息方式、贴息参考贷款利率及贴息支付期。限于地方政府信息公开的约束，据不完全统计，截至 2022 年 12 月，在全国范围内，约有 25 个省级政府对产教融合实训基地项目实施了贴息贷款支持。❶

根据《国家职业教育产教融合赋能提升行动实施方案》，地方财政重点支持依托高职院校或企业建设的产教融合实训基地，校企双方应整合生产设备购置需求，原则上只能申请一个贷款项目，且贷款总额不得低于 2000 万元。根据表 3–1，可得出 25 个省级行政区均采用非全额贴息，多数省级行政区采取到期一次性贴息；在贴息方式的选择上，各省级行政区大多选择明补方式；在贴息支付期的选择上，各省级行政区均选择到期一次性贴息。然而，在贴息参考利率、贴息参考标准及支付比例的选择上，各省级行政区却存在较大差异。在贴息参考利率的选择上，北京、天津及河北等 10 个省级行政区选择参考贷款合同利率贴息；上海、江苏等 10 个省级行政区选择参考贷款基准利率贴息；辽宁、黑龙江等 5 个省级行政区都选择参考借款本金贴息。在贴息参考标准及支付比例的选择上，各省级行政区可结合其财力情况来自行选择。

企业参与校企合作项目建设期投资需要投入大量资本，财政贴息为企业还息提供了基本保障，因此，财政贴息能够改善企业的融资约束并促成银企信贷合

---

❶ 数据来源于全国各省发改委官方网站。

作。此外，财政贴息还能够缓解企业的资金周转困难的问题，进而间接地提升企业投资能力。财政贴息对企业投资的重要意义在于其杠杆影响效应，即少量财政贴息能够带动大量企业投资。表 3–2 展示了 2018～2022 年财政贴息的实施成效，企业已完成项目建设期投资总额 218.22 亿元，已拨付财政贴息总额 5.91 亿元。为了便于量化财政贴息的实施成效，此处以企业投资额对财政贴息的倍数来反映财政贴息的杠杆效应影响倍数。在多数省份地区，财政贴息对企业参与校企合作项目建设期投资的杠杆效应影响倍数均大于 30，即一个单位的财政贴息能够带动 30 倍以上的企业投资额。由于个别省份地方财力有限且金融配给不足，因此财政贴息对企业参与校企合作项目建设期投资的杠杆效应影响倍数低于 25。但总的来说，在全国范围内，财政贴息对企业参与校企合作项目建设期投资的杠杆效应影响倍数仍高达 36.95 倍。

表 3–1　2018～2022 年项目建设期财政贴息的实施现状

财政信息 / 省级行政区	贴息方式		贴息参考利率			贴息参考标准及支付比例			贴息支付期	
	明补	暗补	基准利率	合同利率	利率溢价	本金	利息	支付	一次	分次
北京	√	√		√			实际	40%	√	
天津	√			√			实际	20%～50%	√	
河北	√			√			实际	50%	√	
山西	√			√			实际	50%	√	
内蒙古	√			√			实际	20%	√	
辽宁	√					√		2%	√	
吉林	√			√			实际	50%	√	
黑龙江	√					√		2%	√	
上海	√	√	√		√		基本	50%		√
江苏	√	√	√		√		基本	50%		√
浙江	√			√			实际	50%	√	
安徽	√			√			基本	50%		√
福建	√	√				√		3%		√
江西	√					√		1%	√	
山东	√			√			实际	40%	√	
河南	√			√			基本	50%	√	
湖北	√			√			基本	50%	√	
湖南	√			√			基本	50%	√	
广东	√			√			实际	70%		√
广西	√			√			基本	40%	√	
海南	√			√			实际	50%	√	
重庆	√			√			基本	50%	√	
贵州	√			√			基本	20%	√	
云南	√			√			基本	50%	√	
陕西	√					√		0.5%	√	

注　数据来源：北京、天津及河北等 25 个省区的发改委及财政厅官方网站（由于数据缺失，此处剔除四川、甘肃、宁夏、新疆、青海及西藏地区数据）。

表 3-2　2018～2022 年项目建设期财政贴息的实施成效

单位：亿元

项目投资与财政贴息指标 省级行政区	已建实训基地项目（个数）	企业参与校企合作项目建设期投资		
		项目建设期投资额	财政贴息	财政贴息的杠杆效应影响倍数
北京	16	0.96	0.02	39.64
天津	193	7.72	0.32	23.86
河北	188	6.58	0.19	32.96
山西	209	6.94	0.18	37.14
内蒙古	39	0.73	0.03	26.97
辽宁	108	4.26	0.15	28.24
吉林	183	6.12	0.25	23.97
黑龙江	108	3.97	0.16	24.01
上海	179	8.26	0.21	39.72
江苏	613	29.68	0.72	41.36
浙江	160	12.87	0.31	40.99
安徽	319	9.55	0.25	37.52
福建	103	7.13	0.19	37.24
江西	132	4.38	0.15	29.78
山东	310	12.46	0.31	39.71
河南	232	6.03	0.18	32.99
湖北	88	2.99	0.08	38.04
湖南	455	14.56	0.38	38.13
广东	1223	67.58	1.56	43.17
广西	137	1.92	0.08	24.26
海南	7	0.14	0.01	23.04
重庆	30	0.98	0.04	26.57
贵州	25	0.31	0.01	23.38
云南	62	1.23	0.05	23.22
陕西	23	0.85	0.03	28.56
合计	5142	218.2	5.86	36.95

注　数据来源：北京、天津及河北等 25 个省区的发改委及财政厅官方网站（由于数据缺失，此处剔除四川、甘肃、宁夏、新疆、青海及西藏地区数据）。

3.2.2　政府购买服务：实施表现与成效

2013 年以来，在《关于政府向社会力量购买服务的指导意见》（国办发〔2013〕96 号）的引导下，公办高职院校开始逐步探索实践教学外包服务，即由专业对口企业来承接在校生的职业技能培训服务。到 2018 年，在全国范围内，政府购买职业技能培训服务得到了普遍推广。基于数据的相对完整性，本书以 2018～2022 年的省级样本数据，来展示政府购买服务的实施现状。如表 3-3 所示，剔除数据缺失的 6 个省区，其余省区均采用成本定价法和最高限价来确定购买服务的成交价格，即以财政预算拨款为最高限价制定招标价格，再按照成本定价法来评标，最后择优选标确定购买服务的成交价格。在购买服务方式的选择上，由于承接供应商企业数量有限，除了北京、上海、江苏、浙江及广东外，其余省区均未采用公开招标方式。在购买服务组织形式的选择上，北京、上海、江苏、浙江及广东地区的公办高职院校已开始探索联合集中购买组织形式，即多所院校联合委托招标代理机构集中购买服务，旨在获得批量购买服务的规模经济效应；其余省区仍沿用分散购买服务组织形式。

表 3-3 2018 ~ 2022 年项目运营期政府购买服务的实施现状

政府购买服务　　省级行政区	购买服务定价		购买服务方式				购买服务组织形式	
	成本定价法	最高限价	公开招标	竞争性磋商	邀请招标	单一来源	分散购买	集中购买
北京	√	√	√	√	√	√	√	√
天津	√	√		√	√	√	√	
河北	√	√		√	√	√	√	
山西	√	√		√	√	√	√	
内蒙古	√	√		√	√	√	√	
辽宁	√	√		√	√	√	√	
吉林	√	√		√	√	√	√	
黑龙江	√	√		√	√	√	√	
上海	√	√	√	√	√	√	√	√
江苏	√	√	√	√	√	√	√	√
浙江	√	√	√	√	√	√	√	√
安徽	√	√		√	√	√	√	
福建	√	√		√	√	√	√	
江西	√	√		√	√	√	√	
山东	√	√		√	√	√	√	
河南	√	√		√	√	√	√	
湖北	√	√		√	√	√	√	
湖南	√	√		√	√	√	√	
广东	√	√	√	√	√	√	√	√
广西	√	√		√	√	√	√	
海南	√	√		√	√	√	√	
重庆	√	√		√	√	√	√	
贵州		√			√	√	√	
云南	√	√	√		√	√	√	
陕西	√	√		√	√	√	√	

注　数据来源：北京、天津及河北等 25 个省区的政府招标信息网及公办高职院校官方网站（由于数据缺失，此处剔除四川、甘肃、宁夏、新疆、青海及西藏地区数据）。

政府购买服务为企业参与校企合作项目运营期投资创造了收益来源，因此，对于投资方企业而言，政府购买服务能够为企业投资提供价值补偿。政府购买价款将会形成企业的销售收入和经营现金流，因此，政府购买服务能够提升企业投资能力并改善企业投资倾向。表 3-4 展示了 2018 ~ 2022 年政府购买服务的实施成效，企业已累计完成项目运营期投资总额 12.42 亿元，政府购买职业技能培训服务累计 6.52 亿元。在此，为进一步量化政府购买服务的实施成效，以企业累计投资额对政府购买服务的倍数来反映政府购买服务的影响效应。由于山东、河北、河南、湖南、广西地区的在校生数量较大且地方财力有限，因此政府购买服务对企业参与校企合作项目运营期投资的影响效应小于 1，说明政府购买服务尚未达到企业的最低保本销量，企业处于亏损状态（显性投资成本未得到补偿）。但总的来说，政府购买服务对企业参与校企合作项目运营期投资的影响效应等于 1.89 倍（12.42 除以 6.56）。

表 3-4 2018 ～ 2022 年项目运营期政府购买服务的实施成效

单位：亿元

项目运营期投资 政府购买服务 / 省级行政区	已建实训基地项目（个数）	企业参与校企合作项目运营期投资		
		项目运营期累计投资额	政府购买服务	政府购买服务的影响效应
北京	16	0.12	0.05	2.16
天津	193	0.39	0.21	1.87
河北	188	0.26	0.27	0.98
山西	209	0.29	0.18	1.63
内蒙古	39	0.08	0.05	1.57
辽宁	108	0.19	0.13	1.46
吉林	183	0.23	0.19	1.21
黑龙江	108	0.15	0.11	1.36
上海	179	0.43	0.17	2.58
江苏	613	1.31	0.44	2.97
浙江	160	0.74	0.27	2.77
安徽	319	0.52	0.42	1.23
福建	103	0.38	0.16	2.33
江西	132	0.21	0.16	1.33
山东	310	0.63	0.64	0.99
河南	232	0.31	0.33	0.93
湖北	88	0.16	0.11	1.51
湖南	455	0.82	0.83	0.98
广东	1223	4.79	1.53	3.12
广西	137	0.09	963	0.99
海南	7	0.02	104	1.53
重庆	30	0.07	493	1.44
贵州	25	0.03	251	1.39
云南	62	0.08	556	1.42
陕西	23	0.06	425	1.34
合计	5142	12.36	6.56	1.89

注 数据来源：全国各省级教育厅、财政厅及高职院校官方网站，此处已剔除数据缺失的地区。

3.2.3 抵免教育专项基金：政策规定与实施成效

企业参与校企合作投资就要放弃主营业务的潜在投资机会，而抵免教育专项基金旨在补偿企业参与校企合作投资的机会成本（李海燕，2013）。根据《财政部关于调整部分政府性基金有关政策的通知》（以下简称《通知》）（财税〔2019〕46 号），自 2019 年 1 月 1 日起，进入产教融合型企业建设培育范围的试点企业，均可按投资额的 30%，抵免企业当年应纳教育费附加和地方教育附加。若试点企业当年应纳教育费附加和地方教育附加不足抵免校企合作、实践教学投资额，未抵免部分可结转至以后年度继续抵免。若试点企业属于集团控股总公司，其下属全资子公司、控股子公司提供校企合作投资、实践教学投资均可享受教育费附加和地方教育附加的抵免政策。此外，对于允许抵免的投资，《通知》给出了界定范围：第一，企业当年实际发生的独立举办或参与举办职业教育的办学投资和办学经费支出；第二，按照相关规定与高职院校稳定开展校企合作的支出；第三，对产教融合实训基地等国家规划布局的产教融合重大项目建设投资和基本运行费用的支出。

《通知》实施以来，全国各省份均已建立产教融合型企业试点培育计划，累计试点入库企业达到 5303 家（见表 3–5）。截至 2022 年 12 月，广东累计试点入库企业达到 1223 家，居全国第一位，依次为江苏（613 家）、湖南（455 家）、安徽（319 家）、山东（310 家）……海南（7 家），显然，教育专项基金政策的实施会受到地区经济发展条件的约束。根据 2022 年国家统计年鉴数据，广东地区生产总值约为全国平均数的 3.61 倍，其一般公共预算收入约为全国平均数的 3.93 倍，因此，抵免教育专项基金政策对广东地区企业发挥了巨大作用。与之相反，西藏地区生产总值仅为全国平均数的 6%，其一般公共预算收入仅为全国平均数的 0.19%，因此，抵免教育专项基金政策对西藏地区企业的影响极为有限。从行业分布看，根据 2019 ～ 2022 年全国各省发改委官方数据，产教融合型企业已累计覆盖第一产业（占比 6%）、第二产业（占比 68%）及第三产业（占比 26%），并涉及 13 个行业领域，包括现代农业企业、智能制造和高端装备企业、新能源和新材料制造企业、有色金属加工企业、医药制造企业、食品加工企业、酒品酿造企业、建筑企业、房地产企业、交通运输企业、商贸物流企业、批发零售企业及现代服务业企业等。

表 3-5 2019～2022 年产教融合型企业试点实施状况

抵免教育专项基金政策优惠 \ 省级行政区	试点培育产教融合型企业（家）				累计试点入库企业（家）
	2019 年入库	2020 年入库	2021 年入库	2022 年入库	
北京	—	—	16	—	16
天津	72	35	—	86	193
河北	—	62	55	71	188
山西	—	39	81	89	209
内蒙古	—	30	9	—	39
辽宁	11	36	30	31	108
吉林	25	107	—	51	183
黑龙江	—	33	—	75	108
上海	32	84	—	63	179
江苏	81	114	170	248	613
浙江	23	30	54	53	160
安徽	40	87	74	118	319
福建	20	21	—	62	103
江西	59	36	—	37	132
山东	—	142	—	168	310
河南	—	25	108	99	232
湖北	—	42	20	26	88
湖南	—	46	233	176	455
广东	—	878	—	345	1223
广西	—	29	43	65	137
海南	—	—	—	7	7
重庆	—	20	—	10	30
四川	—	—	—	—	未公开数据
贵州	13	8	4	21	46
云南	—	16	—	46	62
西藏	—	10	—	—	10
陕西	—	23	—	—	23
甘肃	—	—	40	—	40
青海	—	—	—	15	15
宁夏	—	6	—	16	22
新疆	—	23	—	30	53

注 数据来源：全国各省发改委官方网站。

表 3-6 展示了 2019～2022 年抵免教育专项基金政策的实施成效，在全国范围内，已累计建设产教融合实训基地项目 5303 个，项目建设期累计投资总额为 218.22 亿元，项目运营期累计投资总额为 12.42 亿元，企业累计可抵免的项目投资总额为 69.19 亿元，累计已抵免教育专项基金总额为 43.78 亿元，累计尚未抵免的项目投资总额为 25.41 万元，已抵免部分占比约为 63.28%。究其原因：教育专项基金的计征依据为企业实际缴纳的增值税和消费税，2019 年 4 月以来，增

值税留抵退税政策❶大幅度削减了企业税负，并对实行增值税期末留抵退税的纳税人，允许其从教育专项基金的计征依据中扣除退还的增值税税额，因此，企业就可能没有足够的应纳教育专项基金用于抵免校企合作投资额。尽管如此，如图 3–1 所示（已剔除数据缺失的省区），横轴为不同省份地区，纵轴为已抵免教育专项基金占可抵免项目投资额的比例，已抵免部分占比最低约为 47.62%（海南省），最高约为 71.96%（山西省），全国平均数仍位于 60% 以上，说明抵免教育专项基金政策的实施已取得初步成效，结转至以后年度继续抵免的项目投资额占比不到 40%。

表 3–6　2019 ~ 2022 年抵免教育专项基金政策的实施成效

单位：亿元

投资与抵免教育专项基金　省级行政区	已建实训基地项目（个数）	企业参与校企合作投资抵免应纳教育专项基金				
		项目建设期投资额	项目运营期投资额	可抵免的项目投资额	已抵免教育专项基金	尚未抵免的投资额
北京	16	0.96	0.12	0.32	0.21	0.11
天津	193	7.72	0.39	2.43	1.58	0.85
河北	188	6.58	0.26	2.05	1.44	0.62
山西	209	6.94	0.29	2.17	1.56	0.61
内蒙古	39	0.73	0.08	0.24	0.14	0.10
辽宁	108	4.26	0.19	1.34	0.82	0.52
吉林	183	6.12	0.23	1.91	1.20	0.71
黑龙江	108	3.97	0.15	1.24	0.86	0.37
上海	179	8.26	0.43	2.61	1.31	1.30
江苏	613	29.68	1.31	9.29	6.50	2.79
浙江	160	12.88	0.74	4.08	2.16	1.92
安徽	319	9.55	0.52	3.02	2.05	0.96
福建	103	7.13	0.38	2.25	1.12	1.13
江西	132	4.38	0.21	1.38	0.88	0.49
山东	310	12.46	0.63	3.93	2.55	1.37
河南	232	6.03	0.31	1.90	1.33	0.57
湖北	88	2.992	0.17	0.95	0.62	0.33
湖南	455	14.56	0.82	4.61	3.22	1.39
广东	1223	67.58	4.79	21.71	13.03	8.68
广西	137	1.92	0.09	0.60	0.42	0.18
海南	7	0.14	0.01	0.04	0.02	0.02
重庆	30	0.98	0.07	031	0.22	0.09
贵州	25	0.31	0.03	0.10	0.07	0.03
云南	62	1.23	0.08	0.39	0.26	0.13
陕西	23	0.85	0.06	0.27	0.19	0.08
合计	5142	218.2	12.36	69.14	43.76	25.35

注　数据来源：全国各省发改委、教育厅及财政厅官方网站，此处已剔除数据缺失的省区。

❶　2019 年 3 月 21 日，国家财政部、税务总局、海关总署三部门联合发布《关于深化增值税改革有关政策的公告》，规定：自 2019 年 4 月 1 日起，试行增值税期末留抵税额退税制度。

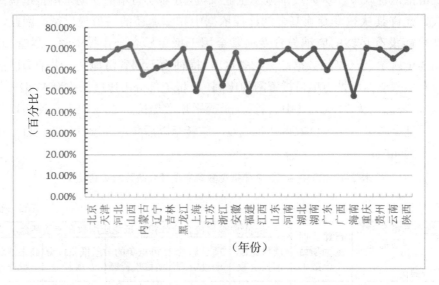

图 3-1　2019～2022 年抵免教育专项基金政策的实施成效

（数据来源：全国各省发改委、教育厅及财政厅官方网站，此处已剔除数据缺失的省区）

3.3　企业参与校企合作投资的财政支持政策问题分析

3.3.1　财政贴息：政策构成要素有待完善

2018 年以来，贴息贷款为企业参与校企合作项目建设期投资提供了大量资金来源，财政贴息降低了企业融资成本并提升了企业投资能力，进而形成财政贴息对企业投资的杠杆效应。然而，财政贴息的政策实施效果取决于贴息方式、贴息参考贷款利率及贴息支付期的选择，这三个方面目前都不同程度地存在一些问题。

（1）贴息方式的选择不利于改善企业融资约束

从项目建设期财政贴息的实施现状（表 3-1）来看，全国各地大多都选择财政贴息的明补方式，这种方式显然不能够适合所有企业的融资需求。在产教融合实训基地项目的投资方企业中，企业群体的差异性较大，有来自不同行业、不同规模及不同发展期的企业。截至 2022 年 12 月，根据全国各省份已认定的产教融合型企业目录，中小企业占比约为 60%。如表 3-1 所示，在贴息方式的选择上，仅有北京、上海、江苏、浙江、福建、山东、湖北及广东等地能够结合企业融资需求，灵活地选择明补方式（财政贴息划拨给企业）与暗补方式（财政贴息划拨给银行）的财政贴息，而其余省区都选择明补方式的财政贴息。

明补方式的财政贴息不会提升中小企业资信等级，进而不利于改善中小企业融资约束。

（2）贴息参考贷款利率的选择不利于形成财政贴息的公平性与效率性

2013 年 7 月 20 日，我国就已全面放开金融机构贷款利率管制，贷款合同利率（CIR）由借贷双方参考贷款基准利率（LPR）和自行议定上下浮动的比例 $\alpha\%$ 决定，即 $CIR = LPR \times (1 + \alpha\%)$。根据项目建设期财政贴息的实施现状（表 3–1），目前，北京、天津、河北等 10 个省区参考贷款合同利率贴息；辽宁、黑龙江、福建、江西、陕西 5 个省区参考贷款本金的一定比率贴息；上海、江苏、安徽等其余省区都参考贷款基准利率（全国银行间同业拆借中心发布）贴息。参考贷款合同利率贴息会导致财政贴息的非公平性，这是因为贴息补助的多少取决于贷款合同利率的高低。另外，参考贷款合同利率贴息还会削弱财政贴息的效率性，这是因为财政贴息承担了利率溢价成本，企业将会放弃与银行之间讨价还价的机会。参考贷款本金的一定比率贴息需权衡地方财力与市场利率的关系，事实上，贴息比率的确定往往存在一定难度。对于任何企业而言，贷款基准利率（LPR）具有同质性，因此，参考贷款基准利率贴息能够形成财政贴息的公平性与效率性。

（3）贴息支付期的选择不利于加速企业资金周转

根据项目建设期财政贴息的实施现状（表 3–1），在全国范围内，仅有上海、江苏、浙江、福建及广东等地采用分期分次贴息，其余省区都选择到期一次性贴息。显而易见，到期一次性贴息不利于企业的资金周转。因为企业参与项目建设期投资需要完成各类耗资巨大的固定资产投资，到期一次性贴息往往要占用企业的流动资金，进而影响产教融合实训基地项目的实施进度。在通常情况下，由于项目投资额大于贴息贷款额，因此企业参与产教融合实训基地项目建设需要垫付资金。尤其对于中小企业而言，到期一次性贴息会加剧现金流收支不匹配的矛盾，导致资金周转困难，从而使得产教融合实训基地项目无法实施。企业经营现金流往往与其经营规模和经营年限呈高度正相关，即企业规模越大、经营年限越长，经营现金流就越充足。反之，企业规模越小、经营年限越短，经营现金流就越匮乏。

3.3.2　政府购买服务：市场化运行机制尚需规范

2018 年以来，政府购买服务为企业参与校企合作项目运营期投资提供了市场交易平台，即以中标成交价格来补偿企业投资的显性成本，进而全面提升企业投资能力并改善企业投资倾向。然而，政府购买服务的市场化运行机制还不够成熟，主要表现在购买定价、购买方式及购买组织形式 3 个方面。

（1）职业技能培训服务的政府购买定价尚需规范

在财政预算拨款约束下，公办高职院校往往要结合各个专业的在校生数量来分配有限的购买服务预算资金，进而确定招标最高限价和购买服务数量。但事实上，公办高职院校发布的招标公告未必符合所有企业的预期最低保本价格和最低保本销量。不同行业有着不同的平均利润率水平，公办高职院校发布的招标公告难以吸引平均利润率水平较高的行业企业。如图 3–2 所示，横轴为不同行业企业的占比情况，纵轴为行业分类，根据全国各个省份认定的产教融合型企业目录，就会发现制造业企业占比约为 68.96%，交通运输业企业占比约为 12.23%，批发零售业企业占比约为 11.46%，现代服务业企业占比约为 7.35%，而信息传输、软件和信息技术服务业、房地产业及建筑业等平均利润率水平较高的行业企业均未列其中。此外，在制造业企业中，平均利润率水平较高的医药制造业企业占比仅为 4.76%。如果政府购买服务的招标价格和购买服务数量均符合企业的预期最低保本价格和最低保本销量，企业提供培训服务的显性投资成本就能够得到补偿，即政府购买服务能够有效促进企业参与校企合作项目运营期投资。反之，如果政府购买服务的招标价格和购买服务数量不符合企业的预期最低保本价格和最低保本销量，企业提供培训服务的显性投资成本也就得不到补偿，即政府购买服务不能有效促进企业参与校企合作项目运营期投资。基于此，地区财力较为薄弱的省份就无法满足企业的预期投资目标，进而难以实现政府购买服务对企业投资的促进作用。

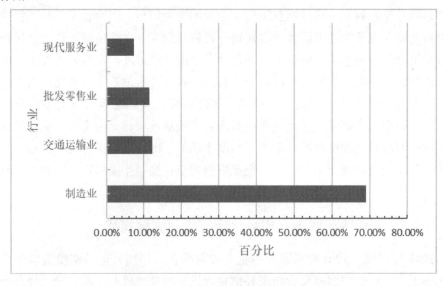

图 3–2 产教融合型企业的行业分布情况

（数据来源：全国各省发改委官方网站）

（2）职业技能培训服务的政府购买方式尚需规范

公开招标体现了"公开、公正、择优"的原则，即通过公开邀请众多企业参与竞标来择优选择中标供应商。2019 年以来，根据我国产教融合型企业的认定进度和实施范围，约有 70%❶的职业技能培训服务还达不到公开招标的条件，政府购买方式大多为竞争性磋商或邀请招标。这是因为很多职业技能培训服务受制于单项购买金额低，难以抵补高额公开招标成本，所以不得不采取竞争性磋商或邀请招标。邀请招标是按照最低价评标法来择优选标，因此，邀请招标必然会降低政府购买预算资金的使用效益。按照《政府购买服务管理办法》，若采用竞争性磋商方式需要建立磋商小组，磋商小组由购买方代表和评审专家组成，其中，评审专家不少于磋商小组人数的 2/3。尽管竞争性磋商采取综合评分法来择优选标，且职业技能培训服务项目的价格分值占比仅为 10% ~ 30%❷，但项目评审得分的客观性和公正性却往往难以得到保证。

（3）职业技能培训服务的政府购买组织形式尚需规范

根据职业技能培训服务招标信息，公办高职院校目前大多都采取分散购买组织形式来完成职业技能培训服务的政府购买。由于每一所公办高职院校都是独立的预算部门，因此分散购买组织形式难以形成批量规模优势。在部门预算约束下，实际购买服务数量往往低于企业的预期保本销量，承接供应商为此就要不断压低报价并缩减服务项目。为了进一步提高政府购买职业技能培训服务的实施效应，部分公办高职院校已开始尝试联合集中购买组织形式，即统筹职业技能培训服务需求，委托招标代理机构进行集中招标购买。但目前，联合集中购买组织形式的运行还不够成熟，委托代理问题、评标公正性始终是困扰其运行的主要问题。委托代理问题源于"招投标环节"的信息不对称，即招标代理机构利用所掌握的信息优势谋取自身利益，使处于信息劣势的购买服务方（公办高职院校）的利益得不到充分保障。

3.3.3 抵免教育专项基金：政策惠及面亟须拓宽

2019 年以来，抵免教育专项基金政策为产教融合型企业减轻了大量税费负担，使得企业拥有足够的现金流用于新增校企合作投资。然而，现行抵免教育专项基金政策的实施还存在惠及面不足的问题：一方面，抵免方式本身不足以惠及所有企业；另一方面，30% 的投资抵免率不足以补偿所有企业参与校企合作投资的机会成本。

---

❶ 数据来源：各地公办职业院校招标信息网。
❷ 数据来源：《政府采购竞争性磋商方式管理暂行办法》（财库〔2014〕214 号）。

（1）抵免方式本身不足以惠及所有企业

抵免教育专项基金的政策实施效应取决于企业是否有足够的应纳教育专项基金（应纳教育费附加和地方教育附加）用于抵免，这种抵免方式带来的利益可能无法惠及所有企业，主要表现在以下两个方面：

①抵免方式本身可能无法惠及不同地区企业。不同地区有着不同的资源禀赋，资源禀赋往往能够决定企业的经营范围和营业收入，而经营范围和营业收入能够决定企业是否有足够的应纳教育专项基金用于政策抵免。若企业缴纳的增值税和消费税较低，就会导致地方教育专项基金收入不足，因为教育专项基金的征缴依据是企业缴纳的增值税和消费税。反之，若企业缴纳的增值税和消费税较高，地方教育专项基金收入就会飙升，进而促进抵免教育专项基金的政策实施效应。如图 3-3 所示，横轴为不同省份地区，左侧纵轴为地方教育专项基金收入，右侧纵轴为企业投资额，柱状图为地方教育专项基金收入，折线图为企业投资总额。通过对比分析各省份地区（四川省尚未公开数据），会发现企业投资额与地方教育专项基金收入水平息息相关：广东、江苏地方教育专项基金收入水平较高，两个地区企业投资额排名也较为靠前；西藏、青海、宁夏地方教育专项基金收入水平较低，三个地区企业投资额排名也较为靠后。此外，在图 3-3 中，北京、上海、浙江地方教育专项基金收入水平相对较高，但三个地区企业投资额排名并不靠前。究其原因，三个地区企业的外贸依存度较高，企业出口商品享受增值税的免抵退税政策，企业可能没有足够的应纳教育专项基金用于政策抵免。

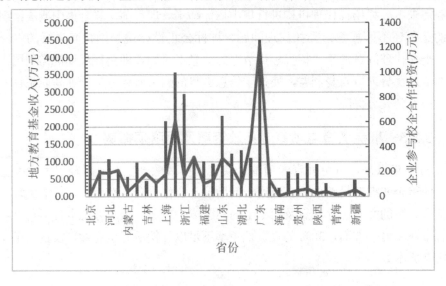

图 3-3　抵免教育专项基金对不同地区企业投资的异质性影响

（数据来源：全国各省发改委、教育厅及财政厅官方网站，此处已剔除数据缺失的省区）

②抵免方式本身可能无法惠及不同经营状况的企业。教育专项基金的征缴依据为企业当期实际缴纳的增值税与消费税，而增值税与消费税的缴纳取决于企业的经营范围和购销活动。显然，抵免教育专项基金政策对适用 13% 增值税税率且涉及消费税的企业最为有利（因为企业有足够的应纳教育专项基金用于政策抵免），包括酿酒加工企业、汽车制造企业、成品油加工企业、涂料制造企业及电池制造企业等。例如：中国贵州茅台酒厂（集团）有限责任公司为贵州省认定的第一批产教融合型企业，其销售白酒适用 13% 增值税税率，再按照 20% 加 0.5 元 /500 克（或者 500 毫升）缴纳消费税（从价从量复合计征），公司有足够的应纳教育专项基金用于政策抵免。因此就对抵免教育专项基金政策反应极为敏感。反之，出口加工企业、关围区保税或免税企业不涉及应纳增值税和消费税，也就无需缴纳教育费附加和地方教育附加，这类企业就无法享受抵免教育专项基金政策优惠。如图 3-4 所示，横轴为不同经营状况企业投资额的占比，纵轴为不同经营范围的企业，在企业参与校企合作投资额的占比排名中，政策有利的企业（汽车制造企业、成品油加工企业、酿酒加工企业及涂料加工企业）排名靠前，政策不利的企业（出口加工企业、现代服务企业及农产品加工企业）排名靠后。❶

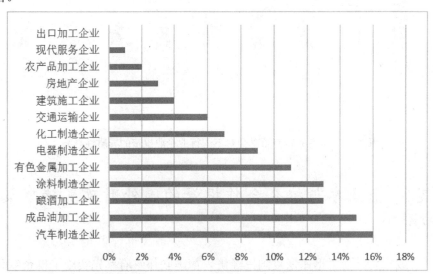

图 3-4　抵免教育专项基金对不同经营状况企业投资的异质性影响

（数据来源：各省发改委官方网站）

（2）30% 的投资抵免率不足以补偿所有企业参与校企合作投资的机会成本

不同行业有不同的主营业务，不同的主营业务有不同的销售毛利率，而主

---

❶　数据来源于全国各省发改委官方网站，通过各类企业投资总额占比计算得出。

营业务的销售毛利率往往被企业视为参与校企合作投资的机会成本。企业参与校企合作项目建设期投资需要垫付30%的项目资本金，其余70%为贴息贷款，显然，企业仅有投资而没有任何形式的收益。在产教融合实训基地的项目运营期，相比企业的主营业务，企业提供职业技能培训服务难以获得同等的销售毛利率。因此，行业平均销售毛利率是影响抵免教育专项基金政策实施效应的关键性因素，若企业所处的行业平均销售毛利率大于30%，企业就无法在实质上享受政策优惠。根据2022年国家统计年鉴数据显示，医药制造业、酒饮料精制茶制造业、食品加工业、化工制造业、成品油加工业、通用设备制造业、电器制造业、汽车制造业、有色金属加工业的平均销售毛利率分别为53%、39%、24%、21%、20%、18%、16%、15%、11%。如图3-5所示，30%的投资抵免率能够有效促进多数行业企业参与校企合作投资，却难以促进医药制造业、酒饮料精制茶制造业企业参与校企合作投资。

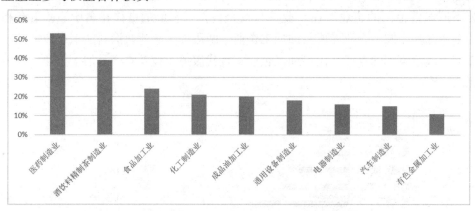

图3-5　抵免教育专项基金对不同行业企业投资的异质性影响

3.4　企业参与校企合作投资的国外财政支持政策实践与启示

"二战"后，为了迅速恢复国民经济，德国联邦政府率先实施了校企双元制职业教育制度，并给予企业相关的财政支持政策。随后，英国、美国、加拿大、澳大利亚等国也先后实施了相关的财政支持政策。基于此，本书首先阐释国外校企合作投资的财政支持政策实践，然后提出对我国的启示。

3.4.1 企业参与校企合作投资的国外财政支持政策实践

截至目前，为了鼓励企业参与校企合作投资共建实训基地项目，一些国家已实施了贴息贷款、政府购买服务及教育专项基金支持政策。

（1）贴息贷款

在贴息贷款支持政策方面，德国和英国的做法具有代表性。

①德国的贴息贷款支持政策。校企"双元制"职业教育为德国经济发展做出了卓越贡献，因此，为鼓励企业参与校企合作投资，德国政府启动了贴息贷款支持。鉴于企业为教育经费的投资主体，2021 年，联邦政府根据项目投资额核定企业的贴息贷款标准，企业一般可获得 50%～70% 的贴息贷款。❶ 此外，对于产教融合实训基地项目，联邦政府还实施了暗补方式下的财政贴息，即通过向贷款银行直接贴息，来鼓励商业银行向中小企业发放贷款。

②英国的贴息贷款支持政策。英国于 1993 年开始实行现代学徒制，为支持学徒制人才培养项目，政府颁布了小企业（员工人数不超出 50）贴息贷款支持政策（参考伦敦银行间同业拆借利率）。2022 年，对符合条件的企业实施全额财政贴息贷款支持方案，规定了相应的贷款额和还款期限。❷ 若贷款本金处于 500 英镑至7000 英镑之间（500 英镑＜贷款本金≤ 7000 英镑），贴息贷款期限为 6 个月。若贷款本金处于 7000 英镑至 15000 英镑之间（7000 英镑＜贷款本金≤ 15000 英镑），贴息贷款期限为 9 个月。若贷款本金超出 15000 英镑，贴息贷款期限为 12 个月。

（2）政府购买服务

在政府购买服务支持方面，英国、澳大利亚和日本的经验具有一定的代表性。

①英国政府将市场竞争机制引入企业学徒培训项目。为了进一步鼓励企业向在校生提供优质学徒培训服务，英国政府购买服务为校企合作建立了买卖契约关系，这种买卖契约关系最终以"代金券"制度来实现。❸ 2022 年，英国政府向高职院校普遍推行"代金券"制度，每位在校生可获得面值约为 1000 英镑的"代金券"，可用于购买各类学徒制培训服务。"代金券"制度能够提升政府购买服务的实施效应，一方面，在校生可以自主选择学徒培训企业和学徒培训项目；另一方面，学徒培训企业也会不断提升培训服务质量。

②澳大利亚政府注重提升购买服务质效。为进一步提升购买服务质效，澳

❶ 潘书才. 职业教育校企合作的国际比较及经验借鉴——基于德国、美国、日本三国的分析 [J]. 常州信息职业技术学院学报，2021(1): 5-8.

❷ Irawan A, Pratama A W, Rachmanita R E. The Effect of the Implementation of Teaching Factory and Its Learning Involvement toward Work Readiness of Vocational School Graduates[J]. IOP Conference Series: Earth and Environmental Science Volume 980, Issue 1, 2022.

❸ Sike Jin, Jiali Jin. Practice of the Operating Mechanism and Talent Cultivation of Mixed Ownership in Higher Vocational Colleges[J]. International Journal of Learning and Teaching Volume 8, Issue 3, 2022.

大利亚政府主要采取四种购买服务方式来支持校企合作投资项目：一是单个公立高职院校分散公开招标购买；二是多所公立高职院校集中联合公开招标购买；三是单个公立高职院校分散邀请招标购买；四是多所公立高职院校集中联合邀请招标购买。2020年，澳大利亚政府还启动了"用户选择"培训服务项目（季仕锋，2020），在校生可以自主选择学徒培训企业和学徒培训项目。"用户选择"学徒培训服务项目能够提升政府购买服务的实施效应，一方面，"用户选择"为市场竞争创造了有利条件；另一方面，"用户选择"也为学徒制培训企业调整人力资本供给结构提供了市场需求信息。

③日本政府着力规范政府购买流程。为进一步规范政府购买流程，2020年，日本政府规定购买职业技能培训服务的基本流程分为四个阶段（刘叶芬等，2020）：一是先由政府划分职业技能培训项目，并邀请符合资质的培训企业前来竞标；二是由学习者选择培训服务企业和培训服务项目；三是根据学习者的选课情况确定中标承接培训服务企业和培训服务项目；四是政府按照培训进度和学习人数定期向培训服务企业划拨预算经费款项。学习者可自主选择培训服务企业和培训服务项目，能够在很大程度上促进政府购买服务的实施效应，这是因为在市场竞争机制下，培训服务企业为了争夺有限的市场资源将不得不全面提升服务质量。

（3）教育专项基金

在教育专项基金支持方面，德国、荷兰和新西兰的做法具有一定的代表性。

①德国教育专项基金的征缴和分配。为了切实保障学徒制培训企业的既得利益，1986年，德国政府设立了中央教育专项基金。联邦政府规定：所有企业都按照工资总额的0.6%～9.2%上缴中央教育专项基金（陈小满等，2015），并实行累进征收率，累进征收率随企业工资总额基数的扩大而上升。联邦政府统筹分配中央教育专项基金，企业提供学徒培训服务可获得净培训费用（培训费用减去培训收入）50%～80%的补助。2006年，联邦政府规定：教育专项基金补亏的浮动比例取决于培训亏损程度、培训职业工种、学徒培训数量、培训教学时长、职业技能鉴定通过率、专业对口就业率等因素。2021年，联邦政府采用因素分析法，结合中央教育专项基金的收入情况，来确定学徒制培训企业的差别化补助标准（崔驰等，2021）。

②荷兰教育专项基金的征缴和分配。20世纪八九十年代，荷兰政府启动了教育专项基金，该政策规定：所有企业都按照工资总额的一定比例上缴教育专项基金。1996年，教育专项基金实行累进征收率，根据企业的规模和工资总额不同，征收率在0.2%～2.5%之间上下浮动（王贵斌，2019）。2017年，荷兰政府明确规定：教育专项基金主要用于支持各类职业技能培训，其分配方式包括直接

拨款和购买服务。2021 年，荷兰政府结合教学周数、学徒人数、职业技能鉴定通过率、专业对口就业率等因素来统筹分配教育专项基金，即给予学徒制培训企业差别化的教育经费拨款。

③新西兰教育专项基金的分配。新西兰政府于 1992 年开始实施《行业培训与学徒培训法案》，旨在鼓励企业为在校生提供学徒培训教育。为了抵补企业学徒培训教育的风险成本，新西兰政府设立了教育专项基金。在教育专项基金分配方法方面，依照标准单位训练计量值（学徒人数 × 年人均所获学分 ÷120）分配教育专项基金，即每完成 120 个学分记为 1 个标准单位训练计量值。2019 年，新西兰政府设立了"入门计划"专项拨款，学徒人数是经费预算的重要考核指标，其资助比例由高教委员会来确定。之后，新西兰政府又于 2021 年开始实行"学生成就元素"基金分配制度，并将国家职业资格等级纳入教育专项基金的分配标准。

3.4.2　国外财政支持政策实践对我国的启示

目前，我国鼓励企业参与校企合作投资的财政支持政策还不够成熟。国外的财政贴息、政府购买服务及教育专项基金政策实践对我国具有借鉴意义与启示作用。

（1）财政贴息

①贴息贷款额的核定。目前，对于项目建设期贴息贷款额的核定，我国尚未形成统一的参考标准，地方财政仅是结合其财力情况来平均分配贴息贷款额。显然，我国地方财政的贴息贷款额分配制度没有倾向于重点行业领域，不利于引导企业的投资方向。德国政府对不同行业领域的校企合作投资项目采取了弹性贴息贷款分配制度，即按照不同行业领域的 GDP 贡献和人才需求，来分配产教融合实训基地项目的贴息贷款额。基于此，我国应借鉴德国政府的弹性贴息贷款制度，对于校企合作人才培养亟需的产教融合实训基地项目：集成电路、人工智能、工业互联网、储能等，应不断加大贴息贷款的支持力度。

②贴息方式的选择。目前，对企业参与校企合作项目建设期投资，我国地方财政大多都选择明补方式贴息，而很少选择暗补方式。然而，明补方式的贴息不利于改善中小企业融资约束，贴息方式缺乏灵活性。在银企信贷谈判中，中小企业往往处于不利地位，大型企业集团却备受银行青睐。为了更好地引导社会资本投资于教育公益事业，我国应借鉴德国的财政贴息实践，准予企业自主选择贴息方式，进而有效改善中小企业融资约束并提升大型企业的融资意愿。

③贴息参考利率的选择。贷款合同利率为银行贷款的计息利率，而贷款基准利率为贷款合同利率的参考标准，那么，究竟是参考贷款合同利率贴息，还是参

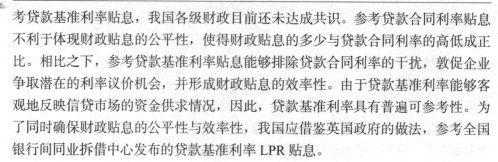

考贷款基准利率贴息，我国各级财政目前还未达成共识。参考贷款合同利率贴息不利于体现财政贴息的公平性，使得财政贴息的多少与贷款合同利率的高低成正比。相比之下，参考贷款基准利率贴息能够排除贷款合同利率的干扰，敦促企业争取潜在的利率议价机会，并形成财政贴息的效率性。由于贷款基准利率能够客观地反映信贷市场的资金供求情况，因此，贷款基准利率具有普遍可参考性。为了同时确保财政贴息的公平性与效率性，我国应借鉴英国政府的做法，参考全国银行间同业拆借中心发布的贷款基准利率 LPR 贴息。

（2）政府购买服务

①政府购买服务应符合学生的消费偏好。职业技能培训服务的最终消费者是学生，而并非是地方高职院校。显然，我国地方高职院校的招标、评标尚未考虑学生的需求和消费偏好。不符合消费偏好的政府购买服务势必会带来低效率。因此，英国政府推行的"代金券"制度与澳大利亚政府推行的"用户选择"制度对我国具有重要的借鉴意义。在职业技能培训服务的招标、评标环节，我国可通过引入学生需求标准，来提升政府购买服务的实施效应。

②集中联合购买组织形式有利于形成规模效应。目前，对于企业所提供的职业技能培训服务，我国地方高职院校大多采取分散购买组织形式，而很少采取院校联合购买组织形式。显而易见，我国地方高职院校的购买组织形式不利于形成规模效应，使得实际购买数量低于企业的预期保本销量，进而削弱企业提供职业技能培训服务的投资倾向。基于此，澳大利亚政府实施的集中联合购买组织形式对我国具有借鉴意义。在不同高职院校间，通过集中联合购买来形成批量规模效应，使得实际购买数量达到企业的预期保本销量。

③公开招标有利于提升政府购买服务质效。目前，由于承接供应商企业数量较少，我国地方高职院校大多都采取竞争性磋商或邀请招标方式，来完成职业技能培训服务的政府购买。竞争性磋商与邀请招标均属于有限竞争下的政府购买服务方式，而我国地方高职院校应积极营造职业技能培训服务的公开招标条件。澳大利亚政府鼓励多所地方高职院校采取集中联合购买组织形式，来吸引很多的潜在供应商企业，进而形成职业技能培训服务的公开招标条件。因此，澳大利亚政府的做法值得我国借鉴，通过院校间的集中联合购买来形成规模效应，并促使实际购买数量超出企业的预期保本销量。

（3）教育专项基金

①教育专项基金的分配方式。为了鼓励企业参与校企合作投资项目，我国政府准予企业按投资额的 30% 抵免应纳教育专项基金的政策，但我国的教育专项基金分配方式过于单一。事实上，投资抵免方式本身也存在一定的局限性，若企业投资额较大，当期应纳教育专项基金不足以抵免，企业就要待到以后年度继续

享受政策抵免。结转至以后年度继续享受政策抵免等于占用企业的流动资金，因此，投资抵免方式可能会抑制企业投资倾向。为了鼓励企业参与校企合作投资项目，德国政府采取了先征后返方式，荷兰政府采取了直接拨款方式，先征后返方式与直接拨款方式都能有效克服投资抵免方式的相对不足。基于此，我国应借鉴德国政府与荷兰政府的做法，在投资抵免方式的基础上，增加对教育专项基金的其他分配方式。

②教育专项基金的分配标准。对于企业参与校企合作投资，我国政府实施了统一的分配标准，即按投资额的 30% 来分配，显然，这种分配标准过于简单且缺乏弹性。德国政府、荷兰政府、新西兰政府都将学徒培训指标纳入教育专项基金的分配标准并实施弹性分配制度。因此，我国可借鉴德国政府、荷兰政府、新西兰政府的做法，将项目投资额、实训基地级别、学徒培训指标都纳入教育专项基金的分配标准并实施弹性分配制度。项目建设期教育专项基金的分配应参考投资额和实训基地级别，实训基地级别可按行业领域的 GDP 贡献和人才需求来予以评估。同时，项目运营期教育专项基金的分配应参考投资额和学徒培训指标，其中，学徒培训指标包括教学周数、学徒人数、职业技能鉴定通过率、专业对口就业率等。

4 财政贴息对企业投资影响的实证分析：
基于项目建设期

为了验证财政贴息对企业参与校企合作项目建设期投资的影响与作用机制效应，本章首先提出问题的研究假设，其次构建计量模型进行实证分析，再进行内生性讨论、稳健性检验、机制识别及异质性分析，最后从贴息比例、贴息方式、贴息参考利率及贴息支付期选择的维度，来拓展研究财政贴息政策的效率性与公平性，以期为完善财政贴息政策提供经验证据。

4.1 研究假设

4.1.1 财政贴息与融资约束对企业投资的一般性影响

依据前文关于财政贴息支持企业参与校企合作投资的理论，财政贴息属于政府对公益私营活动资助的一种财政政策方式，尽管这种资助方式不会改变企业的私营性质，但却能促进企业持续增加项目投资（洪银兴，2017）。企业参与校企合作项目建设期投资需要大量的配套资金，而企业自有资金难以满足项目投资的需求，因此需要借助财政贴息支持企业的投资行为。财政贴息与企业参与校企合作项目建设期投资的内在逻辑体现在以下三个方面。

①财政贴息对企业参与校企合作项目建设期投资会产生杠杆效应。相比直接资助，财政贴息能够发挥财政资金使用的杠杆效应（杨杰，2021），以少量财政贴息引导社会资本进入校企共建产教融合实训基地项目。

②财政贴息有利于改善企业参与校企合作项目建设期的融资约束。大型企业融资能力较强，易于取得银行信贷支持，加之采用财政贴息的明补方式可以免征企业所得税，由此财政贴息有利于满足大型企业的贷款需求。比较而言，中小企业融资能力较弱，不易取得银行信贷支持，财政贴息的暗补方式有利于提升中小企业的资信等级（谌争勇，2022）。此外，贴息方式、贴息参考贷款利率及贴息支付期选择的合理性能有效改善企业的融资约束（谢华，2015）。

③财政贴息有利于提升企业参与校企合作项目建设期的投资能力。企业投资能力取决于可支配的经营现金流，同时经营现金流也是企业还息还贷的根本保障。财政贴息对企业投资的杠杆效应与企业的经营现金流成正比，财政贴息一方面能够为企业提供贴息贷款本金支持，另一方面可以减少企业的利息支出，进而能够为项目建设期投资提供现金流补充，为提升企业投资能力提供条件（王雪明，2017）。

基于上述分析，本书提出研究假设4–1与假设4–2。

假设4–1：财政贴息对企业参与校企合作项目建设期投资会产生杠杆效应。

假设4–2：财政贴息能够缓解企业参与校企合作项目建设期投资的融资约束，并以此来提高企业投资能力。

4.1.2　财政贴息对不同企业投资的异质性影响

鉴于不同企业有不同的融资约束和投资能力，因而财政贴息对不同企业参与校企合作项目建设期的投资会产生异质性影响（邹竹，2013），这主要体现在地区、行业及经营状况三个方面。

①在地区层面，一个地区财政贴息的扶持力度往往受地方可支配财力的约束（杨杰，2021），而各个地方的可支配财力受经济发展水平、产业结构以及国家税收优惠政策等因素的制约会呈现出一定的差异性。一般而言，经济发展水平越高的地区，其财政收入能力越强，财政贴息政策实施的规模也会越大，越能够给予企业参与校企合作项目建设期投资较大的政策支持。反之，经济发展水平较低的地区，为企业参与校企合作项目建设期投资的财政贴息支持力度就较小。

②从不同行业看，行业发展水平决定着行业内企业的资产结构、盈利水平及信贷融资能力（吴丹，2016），企业融资约束往往受权益规模、经营期限及财政贴息的影响，而权益规模与经营期限又是银行信贷发放的前提必要条件（卢馨，2018），因此，财政贴息对不同行业企业的投资规模、投资结构及投资效率会产生不同的影响。

③对于不同经营状况企业而言，企业的经营状况一般可通过企业规模、经营年限、经营现金流、资产报酬率及净资产收益率等经济指标进行衡量（唐清泉，2012）。不同时期，企业的经营状况会呈现周期性波动，并对企业投资能力、资产收益、资产营运、偿债能力及发展能力等产生影响，进而影响财政贴息的政策力度与实施效果。尽管如此，贴息方式、贴息参考贷款利率及贴息支付期的选择合理性却能够有效改善财政贴息的实施效应（谢华，2015）。

综合以上分析，本书提出研究假设4–3。

假设4–3：财政贴息对不同地区、不同行业及不同经营状况的企业参与校企合作项目建设期投资会产生异质性影响。

4.2　研究设计

根据财政贴息对企业参与校企合作项目建设期投资的影响研究假设 4–1、假设 4–2 及假设 4–3，下面先完成项目建设期企业的投资模型构建，接着完成被解释变量、解释变量、中介变量、调节变量及控制变量的定义与说明，最后阐述样本的选取及数据来源。

4.2.1　模型构建

为验证财政贴息对企业参与校企合作项目建设期投资的影响（研究假设 4–1），本书借鉴王雪明（2017）的研究方法构建基本回归模型（4–1），除了核心解释变量外，被解释变量可能受到其他因素的影响，因此，控制变量的引入能够使得研究结果更为精准。在式（4–1）中，I 表示企业投资，i 表示企业分类，t 表示时间，β_0 为常数项，财政贴息（FD）为核心解释变量，$Controls$ 为控制变量集：行业发展水平、企业经营状况、融资约束等因素；ε_i 为行业固定效应，用于反映不随时间改变的行业影响因素；λ_t 为年份固定效应，用于反映控制时间因素；$\mu_{i,t}$ 是残差项，包含其他不可观测的因素。若参数 $\beta_\alpha > 1$，说明财政贴息实现了促进企业参与投资的杠杆效应。

$$I_{i,t} = \beta_0 + \beta_\alpha FD_{i,t} + \sum \beta_K Controls_{i,t} + \varepsilon_i + \lambda_t + \mu_{i,t} \tag{4–1}$$

本书将财政贴息影响企业参与校企合作投资视为直接路径，将财政贴息改善企业融资约束、增加企业可支配现金流、提升企业投资能力，再影响企业参与校企合作投资视为间接路径。为了进一步验证财政贴息的两种作用机制（研究假设 4–2），本书借鉴项桂娥（2021）与占韦威（2022）的研究方法，来构建面板联立方程模型（4–2）～模型（4–4），以期全面把握财政贴息影响企业参与校企合作项目建设期投资的作用机制。面板联立方程不但能够规避单方程易出现的内生性问题，还能够分解出变量之间的直接影响和间接影响效应。模型 (4–2) 为财政贴息（FD）对企业融资约束（FCI）影响，其中，$Size$ 为企业规模，Age 为企业经营年限，β_4 为影响系数。模型 (4–3) 为财政贴息 FD（降低企业融资成本）对企业投资能力（IC）的影响，其中，CF 为企业的可支配现金流，$NOCF$ 为经营净现金流，β_2 为影响系数。

事实上，财政贴息实施效应的影响因素较多，地方财力、行业发展水平及企业经营状况的不同都会导致财政贴息实施效应的异质性。为进一步研究财政贴息对不同地区、不同行业及不同经营状况企业投资的异质性影响（研究假设 4–3），本书借鉴西绕甲措（2019）的研究方法，构建中介效应影响模型 (4-4)，该模型包括核心解释变量财政贴息（FD）、中介变量投资能力（IC）与融资约束（FCI）及相关控制变量。模型 (4-4) 为财政贴息（FD）对企业参与校企合作投资的直接影响效应与中介影响效应检验模型，其中，β_0 为常数项，β_1、β_3、β_5 及 β_k 为影响系数。财政贴息仅针对项目建设期的银行贷款利息补贴，投资方企业仅有投资而没有营业收入，因此，基本模型 (4-4) 就剔除了营业收入项 S。

$$\left\{ \begin{array}{ll} FCI_{i,t} = \beta_4(-0.737Size + 0.043Size^2 - 0.04Age)/FD_{i,t} & (4\text{-}2) \\ IC_{i,t} = CF_{i,t} = \beta_2 NOCF_{i,t}/FD_{i,t} & (4\text{-}3) \\ I_{i,t} = \beta_0 + \beta_1 FD_{i,t} + \beta_3 IC_{i,t} + \beta_5 FCI_{i,t} + \sum \beta_K Controls_{i,t} + \lambda_t + \mu_{i,t} & (4\text{-}4) \end{array} \right.$$

模型（4-2）～模型 (4-4) 检验了财政贴息对企业投资能力（IC）和融资约束（FCI）的影响，其中，FCI 为企业融资约束，用企业规模（$Size$）和经营年限（Age）来度量。如果财政贴息能够改善企业融资约束，那么，β_4 小于 0，即企业融资约束（FCI）与财政贴息（FD）成反比。如果财政贴息能够提升企业投资能力，那么，β_2 大于 1，即财政贴息（FD）能够为企业带来数倍的可支配现金流（CF）。如果财政贴息能够直接促进企业参与校企合作投资，那么，杠杆影响系数 β_1 大于 1。如果财政贴息能够通过改善企业融资约束、提升企业投资能力，间接促进企业参与校企合作投资，那么，投资能力影响系数 β_3 将大于 0；融资约束影响系数 β_5 将趋近于 0，即融资约束越来越小。

4.2.2　数据来源及变量定义

（1）数据来源

在国务院办公厅发布《关于深化产教融合的若干意见》（国办发〔2017〕95号）后，为了鼓励企业参与校企合作投资，各地政府均积极落实财政贴息与政府购买服务支持政策。因此，2018 年之后的数据较为齐全。本书以 2018～2022 年省级数据为研究样本，实证检验财政贴息对企业参与校企合作投资的作用机制。基于数据的可获得性，本书选取的数据主要包括企业投资额、财政贴息、企业财务报告及企业所处行业报告。企业投资额数据来源于各省发改委的立项批复文件，并结合产教融合实训基地项目实行情况，收集不同地区、不同行业、不同类型企业投资额。财政贴息数据来源于各省发改委及财政厅官方网站，结合不同行业企业，收集贴息贷款额、贴息方式及贴息支付比例的数据。企业财务报告数据来源于沪深两市 A 股企业上市公告，结合资产负债表、利润表及现金流量表，分类收集并整理企业的经营状况数据。企业所处行业报告数据来源于中国统计年鉴官方网站，结合统计年鉴数据计算求得行业的总产值增速和行业的 GDP 贡献。

鉴于财政贴息会增加企业的利润总额而不改变企业所得税费用，进而增加企业的净利润和经营净现金流的情况，本章以 2018 ～ 2022 年为研究的时间序列，对时间序列数据，先做指数平滑处理，再对处理过的数据进行单位根检验。若样本数据为平稳时间序列，就可以在不同变量间直接建立回归模型；若样本数据为非平稳时间序列，则需进一步验证变量之间是否存在"协整关系"，不存在"协整关系"的非平稳时间序列模型属于无任何意义的"伪回归"模型。本书运用单位根 ADF 检验法，分别检验企业相关数据，其中，原假设为时间序列存在单位根，备选假设为时间序列不存在单位根。同时，以 2022 年 12 月为参考时点，分别按照企业所处地区、行业及经营状况组建截面数据：利润总额（TP）、所得税费用（ITE）、净利润（NP）、经营净现金流（NCFO）。在线性回归模型中，若随机误差项 ε_i（i=1，2，3，…，n）存在异方差，参数估计量就不具有良好的统计性。为此，本书采用异方差性的常用检验方法：图示检验法、戈德菲尔德检验法（Goldfeld-Quandt）、戈里瑟检验法（Glejser Test）、布鲁奇—培根检验法（The Breusch-Pagan Test）、怀特检验法（White），分别验证截面数据是否存在异方差，其中，原假设为不存在异方差，备选假设为存在异方差。从 2018 年至 2022 年，分别在年度时间序列上建立企业所处地区、行业及经营状况的截面数据，进而组成多个截面的面板数据。

（2）变量定义

①被解释变量。企业投资额（$I_{i,t}$）。

财政贴息的主要对象为企业参与产教融合实训基地项目建设期的投资额，旨在不改变政府办学的基本属性下，引导社会资本投资高职院校的实训基地项目。本书按照企业所处地区、行业及经营状况，分别统计不同地区、不同行业及不同经营状况企业的投资额。此外，为了验证财政贴息对大型企业和中小企业投资的异质性影响，还区分企业规模，分别统计不同规模企业的投资额。

②解释变量。财政贴息（$FD_{i,t}$）。

对于企业参与产教融合实训基地项目，财政部门按照企业投资额（$I_{i,t}$），核对贴息贷款额的比例 $\alpha\%$，因此，贴息贷款额为 $I_{i,t}\times\alpha\%$。财政贴息（$FD_{i,t}$）等于贴息贷款额（$I_{i,t}\times\alpha\%$）乘以贴息参考利率 $\gamma\%$（基准利率 $i\%$ 或合同利率 $\gamma\%$），再乘以贴息支付比例 $\beta\%$。对于企业而言，明补方式的财政贴息等于 $I_{i,t}\times\alpha\%\times\gamma\%\times\beta\%$，融资成本等于 $I_{i,t}\times\alpha\%\times\gamma\%-I_{i,t}\times\alpha\%\times\gamma\%\times\beta\%$；暗补方式的财政贴息等于 0，融资成本等于 $I_{i,t}\times\alpha\%\times\gamma\%-I_{i,t}\times\alpha\%\times\gamma\%\times\beta\%$。

③中介变量。企业投资能力（$IC_{i,t}$）和融资约束（$FCI_{i,t}$）。

贴息贷款能够为企业注入大量现金流并形成支撑企业投资能力的资本金，这是因为企业投资能力往往受制于可支配的现金流。此外，财政贴息能够为企业取得银行信贷支持提供信用担保，进而改善企业融资约束并促成银企信贷合作。本书借鉴占韦威（2022）的计算方法，分别统计企业投资能力和融资约束。企业投资能力（$IC_{i,t}$）以企业经营活动产生的现金流净额与财政贴息的比值来予以度量。融资约束（$FCI_{i,t}$）以企业规模（$Size_{i,t}$）与经营年限（$Age_{i,t}$）及财政贴息（$FD_{i,t}$）来予以度量，企业规模用股东权益总额予以反映。

④控制变量。为了有效缓冲其他因素对实证结果的影响，本书借鉴成蕾（2022）的研究方法，将多个控制变量引入回归模型，包括地方财力差异（$LF_{i,t}$）、行业发展水平（$IDL_{i,t}$）和企业经营状况（$BS_{i,t}$）。地方财力差异（$LF_{i,t}$）以贴息比例来度量，贴息比例等于财政贴息（$FD_{i,t}$）除以贷款利息（$LI_{i,t}$），本章将地方财力差异（$LF_{i,t}$）作为控制变量，用以控制地区差异对财政贴息实施的潜在影响。行业发展水平（$IDL_{i,t}$）以行业的平均利润率水平（$IAPM$）来度量，本章将行业发展水平（$IDL_{i,t}$）作为控制变量，用以控制行业差异对财政贴息实施的潜在影响。企业经营状况（$BS_{i,t}$）以主营业务利润率（$PMMB_{i,t}$）、经营净现金流占营业收入总额的比率（$NOCF_{i,t}/TOI_{i,t}$）来度量，本章将企业经营状况（$BS_{i,t}$）作为控制变量，用以控制企业经营状况差异对财政贴息实施的潜在影响。

表 4-1　财政贴息的实施效应：变量定义与描述性统计分析

变量	变量名称	变量符号	观测值	均值	标准差	最小值	最大值
被解释变量	企业投资额（百万元）	$I_{i,t}$	500	4.1293	0.6455	3	5
解释变量	财政贴息（万元）	$FD_{i,t}$	500	19.65	0.0656	0.1	0.3
中介变量	企业投资能力	$IC_{i,t}$	500	168.9317	675.2438	−40	426.6666
	企业融资约束	$FCI_{i,t}$	500	6.36	294.9896	−2.144	309.47
控制变量	行业总产值增速	$IGDPGrowth,t$	500	0.5426	0.4328	−0.02	0.16
	行业 GDP 贡献	$IGDPContribution,t$	500	0.0442	0.9268	0.0074	0.2806
	地方财力差异	$FD_{i,t}/LI_{i,t}$	500	0.6	0.9742	0.3	0.8
	企业规模股东权益（亿元）	$Size_{i,t}$	500	24	26.9226	3	94
	经营年限	$Age_{i,t}$	500	18	0.9692	8	30
	企业经营活动现金流净额（亿元）	$NOCF_{i,t}$	500	25.3416	40.1133	−4	128
	资产报酬率	$ROA_{i,t}$	500	0.1914	0.2138	−0.0302	0.8230
	净资产收益率	$RONA_{i,t}$	500	0.3638	0.3510	−0.1239	1.3335

为了避免离群数据对回归结果的影响，本书对所有连续性变量进行了缩尾处理。在财政贴息对企业参与校企合作项目建设期投资的影响回归模型中，变量定义与描述性统计分析如表 4-1 所示。从表 4-1 中的数据可以看出，被解释变量企业投资额的均值为 412.93 万元，说明财政贴息的调控力度较为显著；财政贴息的均值为 19.65 万元，标准差为 0.0656，说明财政贴息的实施较为平稳；中介变

量企业投资能力的均值为 168.9317 倍，标准差为 675.2438，说明财政贴息对不同企业投资能力的影响存在一定差异；中介变量企业融资约束的均值为 6.36，标准差为 294.9896，说明不同企业之间的融资约束差异较大；控制变量方面，地方财力差异的标准差为 0.9742，行业总产值增速的标准差为 0.4328，行业 GDP 贡献的标准差为 0.9268，企业规模的标准差为 26.9226，经营年限的标准差为 0.9692，企业经营活动现金流净额的标准差为 40.1133，资产报酬率的标准差为 0.2138，净资产收益率的标准差为 0.3510，说明财政贴息的实施效果存在一定的地区差异、行业差异及企业经营状况差异。

4.3 实证结果与分析

为进一步验证财政贴息的效应传导路径、作用机制及影响因素，下面分别对模型（4–1）～模型（4–4）做回归检验。在实证结果分析的基础上，验证财政贴息的杠杆投资效应和作用机制。最后，通过稳健性检验，来证实模型回归结果的稳健性。

4.3.1 实证结果

表 4–2 报告了财政贴息对企业参与合作项目建设期投资影响的回归结果，其中，第（1）列为基准回归结果，第（2）～第（4）列为中介效应检验结果。根据第（1）列基准回归结果，在 1% 的显著性水平上，财政贴息对企业参与校企合作项目建设期投资影响的回归系数为 36.8692，这说明财政贴息对企业参与校企合作项目建设期投资发挥了杠杆调控效应，即 1 单位的财政贴息能够带来 36.8692 倍的企业投资，该结果验证了研究假设 4–1。根据第（2）列中介效应检验结果，在 5% 的显著性水平上，财政贴息影响企业投资能力的回归系数为 6.4896，这就意味着财政贴息每扩大 1%，企业投资能力上升 6.4896 个百分点，该结果基于投资能力角度验证了研究假设 4–2。根据第（3）列中介效应检验结果，在 5% 的显著性水平上，财政贴息影响企业融资约束的回归系数为 –0.1812，这就意味着财政贴息每扩大 1%，企业融资约束能够降低 18.12 个百分点，该结果基于融资约束角度验证了研究假设 4–2。根据第（4）列中介效应检验结果，在 10% 的显著性水平上，财政贴息影响企业参与校企合作项目建设期投资的回归系数为 29.6848，该结果基于投资能力与融资约束的双重角度，验证了研究假设 4–2。显而易见，在引入中介变量融资约束（FCI）和投资能力（IC）后，财政贴息（FD）对企业投资（I）的影响回归系数降低为 29.6848，这说明融资约束和投资能力是影响企业投资的关键因素。财政贴息对企业融资约束影响回归

系数显著为正，说明财政贴息能够有效缓解企业规模与经营年限所带来的融资约束影响。此外，财政贴息对企业投资能力影响回归系数也显著为正，这说明财政贴息为企业获得项目贷款提供了可靠保障。在第（2）列中，企业投资能力（IC）与控制变量经营净现金流（$NOCF_{i,t}$）保持高度正相关，说明现金流是支撑企业投资的关键因素。在第（3）列中，企业融资约束与控制变量企业规模（$Size_{i,t}$）、经营年限（$Age_{i,t}$）呈高度正相关，说明财政贴息在一定程度上能够降低企业融资约束。

表4-2　财政贴息实施效应的回归结果

被解释变量 解释变量 与控制变量	基准回归结果	中介效应检验结果		
	（1） 企业投资额 （$I_{i,t}$）	（2） 投资能力 （$IC_{i,t}$）	（3） 融资约束 （$FCI_{i,t}$）	（4） 企业投资额 （$I_{i,t}$）
财政贴息（$FD_{i,t}$）	36.8692*** （0.0052）	6.4896** （0.0068）	−0.1812** （0.0054）	29.6848** （0.0056）
投资能力（$IC_{i,t}$）	—	—	—	0.1872** （0.0031）
融资约束（$FCI_{i,t}$）	—	—	—	−0.0415*** （0.0078）
经营净现金流（$NOCF_{i,t}$）	0.1026** （0.0051）	0.8648** （0.0063）	—	0.0825*** （0.0093）
企业规模（$Size_{i,t}$）	0.1845*** （0.0051）	—	0.6896*** （0.0064）	0.1236*** （0.0095）
经营年限（$Age_{i,t}$）	0.0925** （0.0076）	—	0.5138* （0.0048）	0.0683*** （0.0092）
行业的总产值增速 （$IGDPGrowth,t$）	0.0826* （0.0058）	—	—	0.0693*** （0.0085）
行业的GDP贡献 （$IGDPContribution,t$）	0.0728* （0.0046）	—	—	0.0516*** （0.0079）
资产报酬率（$ROA_{i,t}$）	−0.4868*** （0.0053）	—	—	−0.4296*** （0.0096）
净资产收益率（$RONA_{i,t}$）	−0.6998*** （0.0095）	—	—	−0.6296*** （0.0088）
行业固定效应	I	I	I	I
年份固定效应	Y	Y	Y	Y
观测值（N）	500	500	500	500
拟合优度（R^2）	0.9132	0.9472	0.9016	0.9588

注　***、**和*分别代表1%、5%和10%的显著性水平，括号中的数字为标准误。

4.3.2　内生性讨论

财政贴息属于一种政策性外生变量，但贴息贷款额的核定往往要参照项目投资额，因此它与被解释变量（企业投资额）之间可能会存在双向因果关系。为了提高实证结果的可信度，本章借鉴Blundell和Bond（1998）的方法，借助系统广义矩估计来解决回归模型的内生性问题，因为系统广义矩估计能够有效缓解新加入工具变量所造成的内生性风险。在财政贴息实施效应的回归模型中，解释变量财政贴息使用的是同期变量，而同期的被解释变量企业投资额有可能会影响财政贴息规模。基于此，本章将企业投资额的滞后一期作为工具变量，借助 Stata 计算软件进行广义矩估计。表 4-3 报告了企业投资额的系统广义矩估计结果，被解释变量企业投资额的滞后一期（$I_{i,t+1}$）均呈显著性，因此，无需再使用高阶滞后变量作为工具变量。此外，其余解释变量的回归系数与显著性水平也和基准回归趋于一致，从而可以认为财政贴息实施效应的回归结果具有稳健性。

表 4-3　财政贴息实施效应的内生性检验

解释变量与控制变量　＼　被解释变量	基准回归结果	中介效应检验结果		
	（1）企业投资额（$I_{i,t+1}$）	（2）投资能力（$IC_{i,t+1}$）	（3）融资约束（$FCI_{i,t+1}$）	（4）企业投资额（$I_{i,t+1}$）
财政贴息（$FD_{i,t}$）	30.1492***（0.0049）	5.3387**（0.0061）	−0.2375**（0.0051）	25.7658**（0.0053）
投资能力（$IC_{i,t}$）	—	—	—	0.1598**（0.0038）
融资约束（$FCI_{i,t}$）	—	—	—	−0.0635***（0.0073）
经营净现金流（$NOCF_{i,t}$）	0.1003**（0.0052）	0.8345**（0.0061）	—	0.0796***（0.0091）
企业规模（$Size_{i,t}$）	0.1912***（0.0053）	—	0.6913***（0.0061）	0.1098***（0.0093）
经营年限（$Age_{i,t}$）	0.0981**（0.0071）	—	0.5173*（0.0051）	0.0683***（0.0095）
行业的总产值增速（$IGDPGrowth,t$）	0.0795*（0.0056）	—	—	0.0627***（0.0081）
行业的 GDP 贡献（$IGDPContribution,t$）	0.0697*（0.0048）	—	—	0.0498***（0.0076）
资产报酬率（$ROA_{i,t}$）	−0.4913***（0.0051）	—	—	−0.4308***（0.0092）
净资产收益率（$RONA_{i,t}$）	−0.7105***（0.0091）	—	—	−0.6317***（0.0085）
行业固定效应	I	I	I	I
年份固定效应	Y	Y	Y	Y
观测值（N）	420	420	420	420
拟合优度（R^2）	0.9216	0.9517	0.9215	0.9618

4.3.3　稳健性检验

为确保实证分析结论的可靠性，本章运用变换回归方法、变换样本及变换被解释变量来进行稳健性检验。

（1）变换回归方法

联立方程的回归估计方法分为两类：单一方程估计法和系统估计法，前者主要基于联立方程组的每一个方程分别估计，而后者将联立方程组作为一个系统进行估计。本章已使用的三阶段最小二乘（3SLS）法属于联立方程的一种系统估计法，再使用广义矩估计法（GMM）来进行单一方程估计，进而完成对标准化回归结果的稳健性检验。相对于普通最小二乘法和极大似然估计法，广义矩估计法能够克服随机误差项的某些限定条件，因此得到的参数估计值更具有可靠性。由表 4–4 可知，财政贴息对企业参与校企合作项目建设期投资的影响：变换回归方法后的检验结果与标准化回归结果趋于一致，即实证结果不依赖于某种特定的回归方法，变换回归方法也不会改变已有的研究结论。

表 4–4　财政贴息的实施效应：变换回归方法

被解释变量　　　解释变量与控制变量	基准回归结果	中介效应检验结果		
	（1）企业投资额（$I_{i,t}$）	（2）投资能力（$IC_{i,t}$）	（3）融资约束（$FCI_{i,t}$）	（4）企业投资额（$I_{i,t}$）
财政贴息（$FD_{i,t}$）	38.9837***（0.0012）	9.8893**（0.0068）	−0.3886**（0.0024）	29.0015*（0.0056）
投资能力（$IC_{i,t}$）	—	—	—	0.2118**（0.0031）
融资约束（$FCI_{i,t}$）	—	—	—	−0.1897***（0.0078）
经营净现金流（$NOCF_{i,t}$）	0.1291**（0.0051）	0.9703**（0.0063）	—	0.1415***（0.0093）
企业规模（$Size_{i,t}$）	0.2198***（0.0046）	—	0.7695***（0.0064）	0.1686***（0.0095）
经营年限（$Age_{i,t}$）	0.1036**（0.0076）	—	0.5816*（0.0048）	0.0797***（0.0092）
行业的总产值增速（$IGDPGrowth,t$）	0.0985*（0.0058）	—	—	0.0736***（0.0085）
行业的 GDP 贡献（$IGDPContribution,t$）	0.0882*（0.0046）	—	—	0.0658***（0.0079）
资产报酬率（$ROA_{i,t}$）	−0.3841***（0.0055）	—	—	−0.4067***（0.0096）
净资产收益率（$RONA_{i,t}$）	−0.6043***（0.0095）	—	—	−0.5846***（0.0088）
行业固定效应	I	I	I	I
年份固定效应	Y	Y	Y	Y
观测值（N）	500	500	500	500
拟合优度（R^2）	0.9335	0.9676	0.9386	0.9896

注　***、** 和 * 分别代表 1%、5% 和 10% 的显著性水平，括号中的数字为标准误。

（2）变换样本

变换样本的稳健性检验使用中小型工业企业数据替换规模以上工业企业数据，回归结果如表 4–5 所示。在方程（1）中，财政贴息对企业投资额的杠杆影响系数仍高达 33.5468，对企业经营净现金流的影响仍高于 0.09。在方程（2）

中，财政贴息对企业投资能力影响系数近似于 7。在方程（3）中，财政贴息对改善企业融资约束影响系数约接近 47%。在方程（4）中，财政贴息对企业投资额的中介效应影响系数达到 10 以上，且在 10% 水平上通过了显著性检验，表明财政贴息对中小型工业企业也产生了巨大影响。基于此，在变换样本的情况下，尽管回归系数存在微小的差异，但系数的符号以及显著性均保持不变，即验证了标准化回归结果的稳健性。

表 4-5　财政贴息的实施效应：变换样本

被解释变量 解释变量 与控制变量	基准回归结果	中介效应检验结果		
	（1） 企业投资额 （$I_{i,t}$）	（2） 投资能力 （$IC_{i,t}$）	（3） 融资约束 （$FCI_{i,t}$）	（4） 企业投资额 （$I_{i,t}$）
财政贴息（$FD_{i,t}$）	33.5468*** （0.0031）	6.9824** （0.0053）	−0.4686** （0.0028）	27.0412* （0.0051）
投资能力（$IC_{i,t}$）	—	—	—	0.1664** （0.0042）
融资约束（$FCI_{i,t}$）	—	—	—	−0.4378*** （0.0052）
经营净现金流（$NOCF_{i,t}$）	0.0983** （0.0053）	0.7984** （0.0061）		0.1025*** （0.0089）
企业规模（$Size_{i,t}$）	0.1958*** （0.0049）		0.9853*** （0.0059）	0.1073*** （0.0091）
经营年限（$Age_{i,t}$）	0.1004** （0.0073）		0.6385* （0.0051）	0.0524*** （0.0086）
行业的总产值增速 （$IGDPGrowth,t$）	0.0634* （0.0053）			0.0571*** （0.0079）
行业的 GDP 贡献 （$IGDPContribution,t$）	0.0518* （0.0049）			0.0498*** （0.0073）
资产报酬率（$ROA_{i,t}$）	−0.4896*** （0.0052）			−0.5184*** （0.0092）
净资产收益率（$RONA_{i,t}$）	−0.6985*** （0.0091）			−0.6532*** （0.0089）
行业固定效应	I	I	I	I
年份固定效应	Y	Y	Y	Y
观测值（N）	630	630	630	630
拟合优度（R^2）	0.9518	0.9812	0.9436	0.9985

注　***、** 和 * 分别代表 1%、5% 和 10% 的显著性水平，括号中的数字为标准误。

（3）变换被解释变量

本章前文以企业参与校企合作项目建设期投资额的绝对数作为被解释变量，来分析财政贴息对中介变量（企业投资能力和融资约束）的传导效应影响。在此，本章再以企业参与校企合作项目建设期投资额的相对数作为被解释变量，即以 2018 年作为基期，以 2019～2022 年的投资增长率作为被解释变量。此外，为了检验财政贴息对中介变量（企业投资能力和融资约束）的传导效应影响，本章将企业投资能力增长率和融资约束下降率作为被解释变量。在表 4-6 中，第

（1）列中的投资增长率、第（2）列中的投资能力增长率、第（3）列中的融资约束下降率、第（4）列中的投资增长率为变换后的被解释变量，财政贴息对企业参与校企合作项目建设期投资的影响效应可参见对应的回归系数。根据表4-6的数据，可以看出核心变量财政贴息的检验结果与标准化回归结果趋于一致，进而证实了研究结论的稳健性。

表4-6　财政贴息的实施效应：变换被解释变量

被解释变量 解释变量 与控制变量	基准回归结果	中介效应检验结果		
	（1） 投资增长率 （$Igr_{i,t}$）	（2） 投资能力增长率 （$ICgr_{i,t}$）	（3） 融资约束下降率 （$FCIrr_{i,t}$）	（4） 投资增长率 （$Igr_{i,t}$）
财政贴息（$FD_{i,t}$）	38.9868*** (0.0012)	9.8896** (0.0068)	−0.3884** (0.0024)	29.0013* (0.0056)
投资能力增长率 （$ICgr_{i,t}$）	—	—	—	0.2116** (0.0031)
融资约束下降率 （$FCIrr_{i,t}$）	—	—	—	−0.1898*** (0.0078)
经营净现金流（$NOCF_{i,t}$）	0.1295** (0.0051)	0.9705** (0.0063)	—	0.1418*** (0.0093)
企业规模（$Size_{i,t}$）	0.2196*** (0.0049)	—	0.7692*** (0.0064)	0.1688*** (0.0095)
经营年限（$Age_{i,t}$）	0.1038** (0.0076)	—	0.5815* (0.0048)	0.0799*** (0.0092)
行业的总产值增速 （$IGDPGrowth,t$）	0.0982* (0.0058)	—	—	0.0738*** (0.0085)
行业的GDP贡献 （$IGDPContribution,t$）	0.0884* (0.0046)	—	—	0.0657*** (0.0079)
资产报酬率（$ROA_{i,t}$）	−0.3842*** (0.0051)	—	—	−0.4069*** (0.0096)
净资产收益率（$RONA_{i,t}$）	−0.6046*** (0.0095)	—	—	−0.5849*** (0.0088)
行业固定效应	I	I	I	I
年份固定效应	Y	Y	Y	Y
观测值（N）	430	430	430	430
拟合优度（R^2）	0.9332	0.9678	0.9388	0.9898

注　***、** 和 * 分别代表1%、5%和10%的显著性水平，括号中的数字为标准误。

4.3.4　机制识别

为了去除企业投资额与财政贴息所取计量单位的影响，本书对模型（4-1）～模型（4-4）进行了标准化回归：将原始数据减去变量的均值后，再除以变量的标准差，计算得出的回归方程为标准化回归方程，所得回归系数为标准化回归系数。另外，为了尽可能减少估计偏差，此处采用三阶段最小二乘法进行参数估计，回归结果如表4-7所示。根据表4-7中的回归结果，核心解释变量的回归系数均在较高显著性水平下通过检验，说明财政贴息对企业参与校企合作项目建设期投资存在"财政贴息→企业参与校企合作项目建设期投资"与"财政贴息→改善企业融资约束、提升企业投资能力→企业参与校企合作项目建设期投资"的效应传导路径，从而基于标准化回归角度进一步验证了研究假设4-1与假设4-2。在此基础上，还需进一步分析财政贴息对企业参与校企合作项目建设期投资影响的直接效应、间接效应和总效应。根据表4-8中的计算结果，财政贴息对企业校企合作项目建设期投资影响的直接效应数值为28.9853，间接效应数值为2.0986，总效应数值为31.0839。尽管直接效应占总效应的93.2%，间接效应占总效应的6.8%，但财政贴息对企业融资约束和投资能力影响却不容忽视。因此，总的来说，财政贴息能够有效提升企业投资能力并改善企业融资约束，进而有效发挥财政贴息对企业投资的杠杆影响效应。

表4-7　财政贴息实施效应的标准化回归结果

被解释变量 解释变量 与控制变量	基准回归结果	中介效应检验结果		
	（1） 企业投资额（$I_{i,t}$）	（2） 投资能力 （$IC_{i,t}$）	（3） 融资约束 （$FCI_{i,t}$）	（4） 企业投资额 （$I_{i,t}$）
财政贴息（$FD_{i,t}$）	39.3684*** （0.0012）	9.6812** （0.0068）	−0.3678** （0.0024）	28.9853* （0.0056）
投资能力（$IC_{i,t}$）	—	—	—	0.2098** （0.0031）
融资约束（$FCI_{i,t}$）	—	—	—	−0.1835*** （0.0078）
经营净现金流（$NOCF_{i,t}$）	0.1245** （0.0051）	0.9668** （0.0063）	—	0.1392*** （0.0093）
企业规模（$Size_{i,t}$）	0.2168*** （0.0049）	—	0.7688*** （0.0064）	0.1642*** （0.0095）
经营年限（$Age_{i,t}$）	0.1002** （0.0076）	—	0.5793* （0.0048）	0.0747*** （0.0092）
行业的总产值增速 （$IGDPGrowth,t$）	0.0998* （0.0058）	—	—	0.0764*** （0.0085）
行业的GDP贡献 （$IGDPContribution,t$）	0.0875* （0.0046）	—	—	0.0638*** （0.0079）
资产报酬率（$ROA_{i,t}$）	−0.3868*** （0.0053）	—	—	−0.4088*** （0.0096）
净资产收益率（$RONA_{i,t}$）	−0.6062*** （0.0095）	—	—	−0.5864*** （0.0088）
行业固定效应	I	I	I	I
年份固定效应	Y	Y	Y	Y
观测值（N）	500	500	500	500
拟合优度（R^2）	0.9256	0.9645	0.9367	0.9824

注　***、** 和 * 分别代表1%、5%和10%的显著性水平，括号中的数字为标准误。

表 4-8 财政贴息的作用机制及效应测算

项目	作用机制	效应测算	测算结果	总效应
直接效应	财政贴息→企业参与校企合作项目建设期投资	β_1	28.9853	31.0839
间接效应	财政贴息→改善企业融资约束（取绝对值）、提升企业投资能力→企业参与校企合作项目建设期投资	$\beta_2 \times \beta_3 + \beta_4 \times \beta_5$	2.0986	

4.4 财政贴息实施效应的异质性影响检验

财政贴息对不同地区、不同行业、不同经营状况的企业投资会产生显著的异质性影响，这是因为对于同一贴息政策，不同企业有着差别化的预期反应。从整体上看，异质性的存在势必会削弱财政贴息的实施效应。基于融资约束与地方财力、行业发展水平与总产值增速及企业规模与生命周期的异质性，下文将分别探讨财政贴息对不同地区、不同行业、不同经营状况企业参与校企合作的异质性影响。

4.4.1 异质性影响检验：基于融资约束与地方财力

为了展示不同地区财政贴息的支持力度，根据 2018 年至 2022 年国家统计年鉴数据，本书将全国划分一类地区、二类地区、三类地区及四类地区：一类地区（一般公共预算收入高于 5000 亿元）包括北京、上海、江苏、浙江、广东；二类地区（一般公共预算收入位于 3000 亿元至 5000 亿元之间）包括天津、河北、山东、安徽、福建、湖北、湖南、四川；三类地区（一般公共预算收入位于 1000 亿元至 3000 亿元之间）包括河南、山西、内蒙古、辽宁、吉林、黑龙江、江西、广西、海南、重庆、贵州、云南、陕西、新疆；四类地区（一般公共预算收入低于 1000 亿元）包括西藏、青海、甘肃及宁夏。在此，以一般公共预算收入水平来反映地方财力，不同地区的贴息比例等于财政贴息总额除以贷款利息总额，贴息比例的高低往往与地方财力成正比。

表 4-9 展示了财政贴息对一类地区、二类地区、三类地区及四类地区企业参与校企合作项目建设期投资影响的回归结果，其中，贴息比例对企业投资倍数的影响系数分别为 38.4698、32.1224、27.8596 及 21.1645；投资能力对企业投资倍数的影响系数分别为 0.3315、0.2678、0.2136 及 0.1523；融资约束对企业投资倍数的影响系数分别为 −0.0118、−0.0395、−0.0507 及 −0.0926。基于地区异质性视角，表 4-9 中的回归结果验证了研究假设 4-3，财政贴息对不同地区企业参与校企合作项目建设期投资会产生异质性影响。究其原因，企业投资能力与财政贴息支持力度呈高度正相关，一类地区财力富余能够给予企业较高的贴息比例，贴息

比例越高就越容易取得银行信贷支持，进而改善企业融资约束并提升企业投资能力。比较而言，二类地区财力持平，三类地区财力不足，四类地区财力匮乏，因此，财政贴息支持力度就相对较小。一般来说，财政贴息比例越低，企业就越难以取得商业银行的信贷支持，企业融资约束就得不到有效改善，企业投资能力也得不到显著提升。

表4-9 财政贴息对不同地区企业投资影响的回归结果

被解释变量 解释变量及 控制变量	（1） 一类地区 企业投资倍数 （$I_{i,t}/FD_{i,t}$）	（2） 二类地区 企业投资倍数 （$I_{i,t}/FD_{i,t}$）	（3） 三类地区 企业投资倍数 （$I_{i,t}/FD_{i,t}$）	（4） 四类地区 企业投资倍数 （$I_{i,t}/FD_{i,t}$）
贴息比例（$FD_{i,t}/LI_{i,t}$）	38.4698* (0.0051)	32.1224* (0.0053)	27.8596* (0.0052)	21.1645* (0.0054)
投资能力（$IC_{i,t}$）	0.3315** (0.0049)	0.2678** (0.0047)	0.2136** (0.0046)	0.1523** (0.0045)
融资约束（$FCI_{i,t}$）	−0.0118*** (0.0061)	−0.0395*** (0.0063)	−0.0507*** (0.0062)	−0.0926*** (0.0065)
经营净现金流 （$NOCF_{i,t}$）	0.1268*** (0.0073)	0.0998*** (0.0071)	0.0712*** (0.0075)	0.0496*** (0.0072)
企业规模（$Size_{i,t}$）	0.2115*** (0.0061)	0.1342*** (0.0063)	0.1076*** (0.0062)	0.0875*** (0.0065)
经营年限（$Age_{i,t}$）	0.0935*** (0.0083)	0.0742*** (0.0082)	0.0696*** (0.0081)	0.0513*** (0.0083)
行业的总产值增速 （$IGDPGrowth,t$）	0.1253*** (0.0081)	0.0992*** (0.0083)	0.0716*** (0.0082)	0.0498*** (0.0084)
行业的GDP贡献 （$IGDPContribution,t$）	0.1225*** (0.0073)	0.1013*** (0.0071)	0.0801*** (0.0072)	0.0503*** (0.0075)
资产报酬率（$ROA_{i,t}$）	−0.6832*** (0.0081)	−0.4125*** (0.0082)	−0.3616*** (0.0084)	−0.2893*** (0.0085)
净资产收益率 （$RONA_{i,t}$）	−0.7864*** (0.0073)	−0.6193*** (0.0071)	−0.4256*** (0.0072)	−0.3304*** (0.0071)
行业固定效应	I	I	I	I
年份固定效应	Y	Y	Y	Y
观测值（N）	560	560	560	560
拟合优度（R^2）	0.9835	0.9768	0.9892	0.9903

注 ①***、** 和 * 分别代表1%、5%和10%的显著性水平，括号中的数字为标准误。
②由于数据缺失，此处剔除甘肃、宁夏、新疆、青海及西藏地区数据。

4.4.2 异质性影响检验：基于行业发展水平与总产值增速

按照行业的总产值增速和行业的 GDP 贡献（陈汐，2023），本书将行业企业划分为三种类型：高速增长、平稳增长及周期波动。2018～2022 年，高速增长型行业的总产值增速位于同期 GDP 的 120% 以上；平稳增长型行业的总产值增速位于同期 GDP 的 120% 以内；周期波动型行业的总产值增速围绕同期 GDP 上下波动。根据财政贴息对不同行业企业参与校企合作项目建设期投资影响的回归结果（见表4–10），能够得出财政贴息对平稳增长型行业企业投资的影响倍数最高，回归系数为38.3615，而且，在1%显著性水平下通过检验。尽管高速增长型行业企业拥有总产值和GDP贡献方面的比较优势，但财政贴息对其投资的影响倍数却仅为31.9632。相比之下，财政贴息对周期波动型行业企业投资的影响倍数相对较低（回归系数等于27.5897）。基于行业异质性视角，表4–10中的回归结果验证了研究假设4–3，财政贴息对不同行业企业参与校企合作项目建设期投资会产生异质性影响。究其原因，高速增长型行业企业参与校企合作投资而放弃主营业务投资的成本代价过高，周期波动型行业企业因经营状况不稳定而没有足够的投资能力。

表4–10 财政贴息对不同行业企业投资影响的回归结果

被解释变量 解释变量及 控制变量	（1） 高速增长型行业 企业投资额（$I_{i,t}$）	（2） 平稳增长型行业 企业投资额（$I_{i,t}$）	（3） 周期波动型行业 企业投资额（$I_{i,t}$）
财政贴息（$FD_{i,t}$）	31.9632* (0.0053)	38.3615* (0.0054)	27.5897* (0.0055)
投资能力（$IC_{i,t}$）	0.2198** (0.0046)	0.3245** (0.0048)	0.1378** (0.0045)
融资约束（$FCI_{i,t}$）	−0.0368*** (0.0065)	−0.0124*** (0.0063)	−0.1236*** (0.0064)
经营净现金流 （$NOCF_{i,t}$）	0.0968*** (0.0073)	0.1515*** (0.0070)	0.0464*** (0.0071)
企业规模（$Size_{i,t}$）	0.1298*** (0.0063)	0.1956*** (0.0068)	0.0714*** (0.0066)
经营年限（$Age_{i,t}$）	0.0725*** (0.0085)	0.0918*** (0.0083)	0.0492*** (0.0086)
行业的总产值增速 （$IGDPGrowth,t$）	0.1636*** (0.0085)	0.0988*** (0.0083)	0.0372*** (0.0084)
行业的GDP贡献 （$IGDPContribution,t$）	0.1465*** (0.0076)	0.1025*** (0.0075)	0.0419*** (0.0071)
资产报酬率（$ROA_{i,t}$）	−0.7124*** (0.0081)	−0.4542*** (0.0082)	−0.3124*** (0.0083)
净资产收益率 （$RONA_{i,t}$）	−0.8168*** (0.0083)	−0.5648*** (0.0085)	−0.3215*** (0.0084)
行业固定效应	I	I	I
年份固定效应	Y	Y	Y
观测值（N）	420	420	420
拟合优度（R^2）	0.9786	0.9668	0.9842

注 ***、** 和 * 分别代表1%、5%和10%的显著性水平，括号中的数字为标准误。

4.4.3 异质性影响检验：基于企业规模与生命周期

参考国家统计局2011年1月正式使用的划分标准，本书将合作投资方企业划分为大企业与中小企业。同时，根据企业生命周期理论，将校企合作企业划分为成长期企业和成熟期企业。基于此，按照企业规模、经营年限、经营现金流、资产报酬率及净资产收益率，将企业经营状况大致划分为四种类型，即成长期大企业、成长期中小企业、成熟期大企业、成熟期中小企业。成长期大企业具有发展速度快、生产投入高、资产总额较大、经营净现金流较为紧张，以及资产报酬率及净资产收益率均相对较低的特征。成长期中小企业具有发展速度快、生产投入高、资产总额相对较少、现金流短缺与融资约束矛盾较大的特征。成熟期大企业具有盈利能力强、经营净现金流宽裕、资产报酬率及净资产收益率均相对较高的特征。成熟期中小企业具有资产周转速度快、生产投入低、产出回报高的特征。为了进一步分析财政贴息对不同经营状况企业投资的异质性影响，本书从贴息方式、贴息参考贷款利率及贴息支付期的选择方面来进行细化研究。

（1）贴息方式的选择与财政贴息对企业投资的异质性影响

表 4-11　贴息方式的选择与财政贴息实施效应的回归结果

被解释变量 解释变量 及控制变量	（1） 成长期大企业 投资额（$I_{i,t}$）		（2） 成长期中小企业 投资额（$I_{i,t}$）		（3） 成熟期大企业 投资额（$I_{i,t}$）		（4） 成熟期中小企业 投资额（$I_{i,t}$）	
	明补方式	暗补方式	明补方式	暗补方式	明补方式	暗补方式	明补方式	暗补方式
财政贴息（$FD_{i,t}$）	35.0416* (0.0058)	36.9868* (0.0053)	31.7859* (0.0056)	34.2465* (0.0049)	40.9884* (0.0051)	37.3638* (0.0048)	29.8048* (0.0049)	24.0429* (0.0050)
投资能力（$IC_{i,t}$）	0.0968** (0.0063)	0.1156** (0.0065)	0.0871** (0.0061)	0.0959** (0.0062)	0.2538** (0.0060)	0.2076** (0.0063)	0.1631** (0.0061)	0.1284** (0.0059)
融资约束（$FCI_{i,t}$）	−0.0968* (0.0057)	−0.0932* (0.0058)	−0.1368* (0.0063)	−0.1124* (0.0059)	−0.0236* (0.0065)	−0.0208* (0.0064)	−0.0685* (0.0061)	−0.0668* (0.0060)
经营净现金流 （$NOCF_{i,t}$）	0.0758*** (0.0068)	0.0906*** (0.0066)	0.0372*** (0.0070)	0.0483*** (0.0071)	0.0925*** (0.0073)	0.0896*** (0.0072)	0.0526** (0.0069)	0.0512** (0.0068)
企业规模（$Size_{i,t}$）	0.1642*** (0.0081)	0.1642*** (0.0081)	0.0788*** (0.0083)	0.0788*** (0.0083)	0.2586*** (0.0078)	0.2586*** (0.0078)	0.1198*** (0.0079)	0.1198*** (0.0079)
经营年限（$Age_{i,t}$）	0.1556*** (0.0062)	0.1556*** (0.0062)	0.1195*** (0.0061)	0.1195*** (0.0061)	0.0412*** (0.0068)	0.0412*** (0.0068)	0.0308*** (0.0065)	0.0308*** (0.0065)
总产值增速 （$IGDPGrowth,t$）	0.1598*** (0.0083)	0.1598*** (0.0083)	0.0988*** (0.0081)	0.0988*** (0.0081)	0.0598*** (0.0082)	0.0598*** (0.0082)	0.0215*** (0.0084)	0.0215*** (0.0084)
GDP 贡献 （$IGDPContribution,t$）	0.1893*** (0.0076)	0.1893*** (0.0076)	0.0398*** (0.0079)	0.0398*** (0.0079)	0.4832*** (0.0073)	0.4832*** (0.0073)	0.2932*** (0.0075)	0.2932*** (0.0075)
资产报酬率（$ROA_{i,t}$）	−0.3692* (0.0096)	−0.3692* (0.0096)	−0.2998* (0.0092)	−0.2998* (0.0092)	−0.6785* (0.0094)	−0.6785* (0.0094)	−0.4886* (0.0093)	−0.4886* (0.0093)
净资产收益率 （$RONA_{i,t}$）	−0.4632** (0.0083)	−0.4632** (0.0083)	−0.3254** (0.0082)	−0.3254** (0.0082)	−0.6895** (0.0081)	−0.6895** (0.0081)	−0.5324** (0.0084)	−0.5324** (0.0084)
行业固定效应	I	I	I	I	I	I	I	I
年份固定效应	Y	Y	Y	Y	Y	Y	Y	Y
观测值（N）	340	340	340	340	340	340	340	340
拟合优度（R^2）	0.9758	09666	0.9732	0.9696	0.9698	0.9779	0.9857	0.9794

注　***、** 和 * 分别代表 1%、5% 和 10% 的显著性水平，括号中的数字为标准误。

表 4–11 报告了明补方式与暗补方式下财政贴息对企业参与校企合作项目建设期投资影响的回归结果。在明补方式下，财政贴息对成长期大企业、成长期中小企业、成熟期大企业及成熟期中小企业投资的影响倍数分别为 35.0416、31.7859、40.9884 及 29.8048。在暗补方式下，财政贴息对成长期大企业、成长期中小企业、成熟期大企业及成熟期中小企业投资的影响倍数分别为 36.9868、34.2465、37.3638 及 24.0429。基于企业经营状况的不同，表 4–11 中的回归结果验证了研究假设 4–3，同一贴息方式对不同经营状况的企业投资会产生异质性影响。

尽管如此，对于存在融资配给不足的成长期企业，明补方式下财政贴息对成长期大企业和成长期中小企业投资的影响倍数分别为 35.0416、31.7859，异质性影响为 3.2557（35.0416 减去 31.7859）；暗补方式下财政贴息对成长期大企业和成长期中小企业投资的影响倍数分别为 36.9868、34.2465，异质性影响为 2.7403（36.9868 减去 34.2465）。比较而言，暗补方式更有利于缩小财政贴息对成长期企业投资的异质性影响，究其原因，暗补方式下财政贴息直接划拨给贷款银行，进而改善企业融资约束。

同理，对于融资配给充足的成熟期企业，明补方式下财政贴息对成熟期大企业和成熟期中小企业投资的影响倍数分别为 40.9884、29.8048，异质性影响为 11.1836（40.9884 减去 29.8048）；暗补方式下财政贴息对成熟期大企业和成熟期中小企业投资的影响倍数分别为 37.3638、24.0429，异质性影响为 13.3209（37.3638 减去 24.0429）。比较而言，明补方式更有利于缩小财政贴息对成熟期企业投资的异质性影响，究其原因，明补方式财政贴息直接划拨给企业，进而迅速提升企业投资能力。

（2）贴息参考贷款利率的选择与财政贴息对企业投资的异质性影响

表 4–12 报告了贴息参考贷款利率的选择与财政贴息对企业参与校企合作项目建设期投资影响的回归结果。参考贷款合同利率贴息对成长期大企业、成长期中小企业、成熟期大企业及成熟期中小企业投资的影响倍数分别为 33.1983、22.1246、32.9898 及 25.3846。参考贷款基准利率贴息对成长期大企业、成长期中小企业、成熟期大企业及成熟期中小企业投资的影响倍数分别为 28.6775、23.6398、30.1357 及 28.8992。基于企业经营状况的不同，表 4–12 中的回归结果验证了研究假设 4–3，同一贴息参考贷款利率标准对不同经营状况企业投资会产生异质性影响。

尽管如此，通过对比分析财政贴息对企业投资的异质性影响，就会发现贴息参考贷款利率的选择至关重要。参考贷款合同利率贴息对成长期企业参与校企合作项目建设期投资的异质性影响为 11.0737（33.1983 减去 22.1246），对成熟期企业参与校企合作项目建设期投资的异质性影响为 7.6052（32.9898 减去 25.3846），说明参考贷款合同利率贴息的投资异质性影响较大。参考贷款基准利率贴息对成长期企业参与校企合作项目建设期投资的异质性影响为 5.0377（28.6775 减去 23.6398），对成熟期企业参与校企合作项目建设期投资的异质性影响为 1.2365（30.1357 减去 28.8992），说明参考贷款基准利率贴息对企业投资的异质性影响较小。究其原因，对于任何企业而言，贷款基准利率具有同质性（全国银行间同业拆放中心发布官方数据），贷款合同利率具有异质性（商业银行结合企业资信等级来制定差别化的贷款合同利率）。

表 4-12　贴息参考贷款利率的选择与财政贴息实施效应的回归结果

被解释变量 解释变量 及控制变量	（1） 成长期大企业 投资额（$I_{i,t}$）		（2） 成长期中小企业 投资额（$I_{i,t}$）		（3） 成熟期大企业 投资额（$I_{i,t}$）		（4） 成熟期中小企业 投资额（$I_{i,t}$）	
	合同利率	基准利率	合同利率	基准利率	合同利率	基准利率	合同利率	基准利率
财政贴息（$FD_{i,t}$）	33.1983* (0.0058)	28.6775* (0.0053)	22.1246* (0.0056)	23.6398* (0.0049)	32.9898* (0.0051)	30.1357* (0.0048)	25.3846* (0.0049)	28.8992* (0.0050)
投资能力（$IC_{i,t}$）	0.1285** (0.0063)	0.1188** (0.0065)	0.0792** (0.0061)	0.0946** (0.0062)	0.2825** (0.0060)	0.1876** (0.0063)	0.1213** (0.0061)	0.1496** (0.0059)
融资约束（$FCI_{i,t}$）	−0.1254* (0.0057)	−0.0903* (0.0058)	−0.1412* (0.0063)	−0.1098* (0.0059)	−0.0113* (0.0065)	−0.0184* (0.0064)	−0.0796* (0.0061)	−0.0405* (0.0060)
经营净现金流 （$NOCF_{i,t}$）	0.0793*** (0.0068)	0.0815*** (0.0066)	0.0296*** (0.0070)	0.0501*** (0.0071)	0.0968*** (0.0073)	0.0832*** (0.0072)	0.0489*** (0.0069)	0.0598*** (0.0068)
企业规模 （$Size_{i,t}$）	0.1642*** (0.0081)	0.1642*** (0.0081)	0.0788*** (0.0083)	0.0788*** (0.0083)	0.2586*** (0.0078)	0.2586*** (0.0078)	0.1198*** (0.0079)	0.1198*** (0.0079)
经营年限 （$Age_{i,t}$）	0.1556*** (0.0062)	0.1556*** (0.0062)	0.1195*** (0.0061)	0.1195*** (0.0061)	0.0412*** (0.0068)	0.0412*** (0.0068)	0.0308*** (0.0065)	0.0308*** (0.0065)
总产值增速 （$IGDPGrowth,t$）	0.1598*** (0.0083)	0.1598*** (0.0083)	0.0988*** (0.0081)	0.0988*** (0.0081)	0.0598*** (0.0082)	0.0598*** (0.0082)	0.0215*** (0.0084)	0.0215*** (0.0084)
GDP 贡献 （$IGDPContribution,t$）	0.1893*** (0.0076)	0.1893*** (0.0076)	0.0398*** (0.0079)	0.0398*** (0.0079)	0.4832*** (0.0073)	0.4832*** (0.0073)	0.2932*** (0.0075)	0.2932*** (0.0075)
资产报酬率 （$RONA_{i,t}$）	−0.3692* (0.0096)	−0.3692* (0.0096)	−0.2998* (0.0092)	−0.2998* (0.0092)	−0.6785* (0.0094)	−0.6785* (0.0094)	−0.4886* (0.0093)	−0.4886* (0.0093)
净资产收益率 （$RONA_{i,t}$）	−0.4632** (0.0083)	−0.4632** (0.0083)	−0.3254** (0.0082)	−0.3254** (0.0082)	−0.6895** (0.0081)	−0.6895** (0.0081)	−0.5324** (0.0084)	−0.5324** (0.0084)
行业固定效应	I	I	I	I	I	I	I	I
年份固定效应	Y	Y	Y	Y	Y	Y	Y	Y
观测值（N）	420	420	420	420	420	420	420	420
拟合优度（R^2）	0.9758	09666	0.9732	0.9696	0.9698	0.9779	0.9857	0.9794

注　***、** 和 * 分别代表 1%、5% 和 10% 的显著性水平，括号中的数字为标准误。

（3）贴息支付期的选择与财政贴息对企业投资的异质性影响

表 4-13 报告了贴息支付期的选择与财政贴息对企业参与校企合作项目建设期投资影响的回归结果。到期一次性贴息对成长期大企业、成长期中小企业、成熟期大企业及成熟期中小企业投资的影响倍数分别为 33.2572、29.9628、30.9815

及 29.6732。分期分次贴息对成长期大企业、成长期中小企业、成熟期大企业及成熟期中小企业投资的影响倍数分别为 37.9246、34.9892、31.5216 及 30.9215。基于企业经营状况的不同，表 4–13 中的回归结果验证了研究假设 4–3，同一贴息支付期标准对不同经营状况企业投资会产生异质性影响。

尽管如此，通过对比分析财政贴息对企业投资的异质性影响，就会发现相比到期一次性贴息，分期分次贴息更有利于企业投资。到期一次性贴息对成长期企业参与校企合作项目建设期投资的异质性影响为 3.2944（33.2572 减去 29.9628），对成熟期企业参与校企合作项目建设期投资的异质性影响为 1.3083（30.9815 减去 29.6732）。分期分次贴息对成长期企业参与校企合作项目建设期投资的异质性影响为 2.9354（37.9246 减去 34.9892），对成熟期企业参与校企合作项目建设期投资的异质性影响为 0.6001（31.5216 减去 30.9215）。究其原因，相比到期一次性贴息，分期分次贴息能够缓解企业现金流不足，进而有效增强企业投资能力。

表 4–13　贴息支付期的选择与财政贴息实施效应的回归结果

被解释变量 解释变量 及控制变量	（1） 成长期大企业 投资额（$I_{i,t}$）		（2） 成长期中小企业 投资额（$I_{i,t}$）		（3） 成熟期大企业 投资额（$I_{i,t}$）		（4） 成熟期中小企业 投资额（$I_{i,t}$）	
	到期一次 性贴息	分期分 次贴息	到期一次 性贴息	分期分 次贴息	到期一次 性贴息	分期分 次贴息	到期一 次性贴息	分期分 次贴息
财政贴息（$FD_{i,t}$）	33.2572* (0.0058)	37.9246* (0.0053)	29.9628* (0.0056)	34.9892* (0.0049)	30.9815* (0.0051)	31.5216* (0.0048)	29.6732* (0.0049)	30.9215* (0.0050)
投资能力（$IC_{i,t}$）	0.0913** (0.0063)	0.1246** (0.0065)	0.0782** (0.0061)	0.1003** (0.0062)	0.2523** (0.0060)	0.2098** (0.0063)	0.1578** (0.0061)	0.1298** (0.0059)
融资约束（$FCI_{i,t}$）	−0.0996* (0.0057)	−0.0892* (0.0058)	−0.1585* (0.0063)	−0.1043* (0.0059)	−0.0232* (0.0065)	−0.0203* (0.0064)	−0.0688* (0.0061)	−0.0638* (0.0060)
经营净现金流 （$NOCF_{i,t}$）	0.0668*** (0.0068)	0.0926*** (0.0066)	0.0354*** (0.0070)	0.0535*** (0.0071)	0.0917*** (0.0073)	0.0898*** (0.0072)	0.0519** (0.0069)	0.0598*** (0.0068)
企业规模 （$Size_{i,t}$）	0.1642*** (0.0081)	0.1642*** (0.0081)	0.0788*** (0.0083)	0.0788*** (0.0083)	0.2586*** (0.0078)	0.2586*** (0.0078)	0.1198*** (0.0079)	0.1198*** (0.0079)
经营年限 （$Age_{i,t}$）	0.1556*** (0.0062)	0.1556*** (0.0062)	0.1195*** (0.0061)	0.1195*** (0.0061)	0.0412*** (0.0068)	0.0412*** (0.0068)	0.0308*** (0.0065)	0.0308*** (0.0065)
总产值增速 （$IGDPGrowth,t$）	0.1598*** (0.0083)	0.1598*** (0.0083)	0.0988*** (0.0081)	0.0988*** (0.0081)	0.0598*** (0.0082)	0.0598*** (0.0082)	0.0215*** (0.0084)	0.0215*** (0.0084)
GDP 贡献 IGDPContribution,t	0.1893*** (0.0076)	0.1893*** (0.0076)	0.0398*** (0.0079)	0.0398*** (0.0079)	0.4832*** (0.0073)	0.4832*** (0.0073)	0.2932*** (0.0075)	0.2932*** (0.0075)
资产报酬率 （$ROA_{i,t}$）	−0.3692* (0.0096)	−0.3692* (0.0096)	−0.2998* (0.0092)	−0.2998* (0.0092)	−0.6785* (0.0094)	−0.6785* (0.0094)	−0.4886* (0.0093)	−0.4886* (0.0093)
净资产收益率 （$RONA_{i,t}$）	−0.4632** (0.0083)	−0.4632** (0.0083)	−0.3254** (0.0082)	−0.3254** (0.0082)	−0.6895** (0.0081)	−0.6895** (0.0081)	−0.5324** (0.0084)	−0.5324** (0.0084)
行业固定效应	I	I	I	I	I	I	I	I
年份固定效应	Y	Y	Y	Y	Y	Y	Y	Y
观测值（N）	320	320	320	320	320	320	320	320
拟合优度（R^2）	0.9758	09666	0.9732	0.9696	0.9698	0.9779	0.9857	0.9794

注　***、** 和 * 分别代表 1%、5% 和 10% 的显著性水平，括号中的数字为标准误。

4.5　本章小结

本章基于 2018 ～ 2022 年省级数据，通过构建回归模型，实证检验财政贴息对企业参与校企合作项目建设期投资的影响，得出以下研究结论。

①财政贴息对企业参与校企合作项目建设期投资能够产生杠杆影响效应。根据财政贴息对企业参与合作项目建设期投资影响的基准回归结果，可得出财政贴息对企业投资产生了挤入效应，即财政贴息降低了借贷融资成本，融资成本下降刺激企业投资增长。

②财政贴息通过影响企业融资约束和投资能力对企业参与校企合作项目建设期投资产生影响。根据财政贴息对企业参与合作项目建设期投资影响的中介效应检验结果，可得出财政贴息不仅能够改善企业融资约束，还能够显著提升企业投资能力。

③财政贴息对不同地区企业参与校企合作项目建设期投资具有异质性影响。根据财政贴息对不同地区企业参与校企合作项目建设期投资影响的回归结果，可得出地方财力是影响财政贴息实施效应的关键因素，即财政贴息的实施效应与地方财力呈高度正相关；根据财政贴息对不同行业企业参与校企合作项目建设期投资影响的回归结果，可得出财政贴息对平稳增长型行业企业的影响最为显著；根据财政贴息对不同经营状况企业参与校企合作项目建设期投资影响的回归结果，可得出财政贴息对成熟期大企业的影响最为显著；根据贴息方式对不同经营状况企业投资影响的回归结果，可得出暗补方式有利于成长期企业投资，明补方式有利于成熟期企业投资。

④贴息参考贷款利率和贴息支付期的合理选择能够缩小财政贴息对企业投资的异质性影响。根据贴息参考贷款利率对不同经营状况企业投资影响的回归结果，可得出相比贷款合同利率，参考贷款基准利率贴息对企业投资的异质性影响较小。根据贴息支付期对不同经营状况企业投资影响的回归结果，可得出相比到期一次性贴息，分期分次贴息有利于改善企业融资约束并提升企业投资能力。

5 政府购买服务对企业投资影响的实证分析: 基于项目运营期

政府购买服务旨在通过市场交易与等价交换促进企业参与校企合作项目运营期投资。为了验证政府购买服务对企业参与校企合作项目运营期投资的影响,本章首先提出问题的研究假设,然后构建计量模型进行实证分析,接下来展开稳健性检验和异质性分析,最后从购买定价、购买方式及购买组织形式的维度,来进一步拓展分析政府购买服务对企业参与校企合作项目运营期投资的影响,以期为我国规范政府购买服务提供参考依据。

5.1 研究假设

5.1.1 政府购买服务与显性成本对企业投资的一般性影响

基于政府购买服务支持企业参与校企合作投资的理论依据,相比财政直接投资与高职院校提供实践教学服务,政府购买职业技能培训服务属于社会福利准市场化的范畴,能够同时实现公平性与效率性目标(向羽,2023),具有质量、技术及成本上的比较优势。政府购买服务打破了政府对公共服务的垄断供给,实现公共服务的多元化供给,通过竞争降低服务成本并提升服务品质,以及尊重使用者选择权(唐钧,2008)。政府购买服务是促使企业参与校企合作项目运营期投资与提供经济利益的重要政策手段(董春利,2019)。政府购买服务能够提高人才培养质量和专业技术水平,降低政府办学成本(白净,2019),增加企业的经营收入和现金流。同时,企业依托实践教学资源提供职业技能培训服务符合比较优势理论(大卫·李嘉图,2013),外包服务是高职院校实现工学交替、产教融合的有效途径。政府购买职业技能培训服务对企业参与校企合作项目运营期投资影响的逻辑主要表现在以下三个方面。

①政府购买服务定价能够直接影响企业投资能力和投资倾向。政府购买服务定价往往要兼顾预算拨款限额和企业显性成本补偿,若中标成交价格符合投资方

企业的成本补偿目标与利润补偿目标，政府购买服务就能够有效提升企业投资能力并改善企业投资倾向。这是因为成本补偿为提升企业投资能力提供了现金流，而利润补偿为改善企业投资倾向提供了必要条件。政府购买服务定价应按照社会平均成本加上合理利润来确定，根据服务的数量与质量定价符合投资方企业的成本补偿目标与利润目标，合理利润率一般不得超过行业平均利润率水平（褚少琨，2017）。若确定的合理利润率过高，则不利于提升财政预算资金的使用效益。反之，若确定的合理利润率过低，则会导致优质承接供应商企业的退市现象，从而难以形成充分的市场竞争机制。

②对于企业所提供的职业技能培训服务，可供选择的购买服务方式包括公开招标、竞争性磋商、邀请招标及单一来源。公开招标方式下政府购买服务定价一般参考社会平均成本和行业平均利润率，其中标成交价格往往接近于市场均衡价格，易于形成充分的市场竞争机制，企业投资的显性成本能够得到充分补偿，企业投资能力和投资倾向都会得到提升。尽管竞争性磋商和邀请招标的定价参照标准不同，但都属于有限竞争下的购买服务方式，中标成交价格往往相对较高，公办高职院校可能会压缩购买服务需求，从而影响企业投资能力和投资倾向。单一来源属于完全垄断下的购买服务方式，政府购买服务定价参照个别企业的服务成本和利润率，垄断价格必然会造成职业技能培训服务的供求失衡，进而间接影响企业投资能力和投资倾向。

③政府购买组织形式能够间接影响企业投资能力和投资倾向。按照组织形式不同，政府购买服务可分为分散购买与集中购买。分散购买是指单个院校独立发布招标公告，集中购买是指多所院校委托第三方代理机构集中联合发布招标公告。相对于分散购买，集中购买有利于形成规模效应（李毅，2022），并使得实际购买服务数量能够达到企业的最低保本销量，充分补偿企业投资的显性成本，从而会提升企业投资能力和投资倾向。

基于上述分析，提出研究假设 5–1 与假设 5–2。

假设 5–1：政府购买服务对企业参与校企合作项目运营期投资会产生直接影响。

假设 5–2：政府购买定价、政府购买方式及政府购买组织形式对企业参与校企合作项目运营期投资均会产生影响。

5.1.2　政府购买服务对不同企业投资的异质性影响

政府购买服务对企业参与项目运营期投资的异质性影响主要表现在地区、行业及经营状况三个方面。

①从地区层面看，高职院校的在校生是职业技能培训服务的最终使用者，在

校生的数量决定了职业技能培训服务的需求规模，现实中不同地区高职院校的在校生数量与地方相对购买财力均存在较大差异。各地区相对购买财力反映该地区职业技能培训服务需求规模排序与地方财力排序之比，2018～2022年全国有13个省份相对购买财力大于1（地方财力充足），18个省份的相对购买财力小于1（地方财力不足）。❶ 若地方相对购买财力大于1，地方政府就有充足的财力用于购买职业技能培训服务，招标价格和购买数量符合企业的预期保本价格和销量，进而促进企业参与项目运营期投资。反之，若地方相对购买财力小于1，政府购买服务的招标价格和购买数量就难以促进企业参与项目运营期投资。

②对于不同行业企业而言，职业技能培训服务往往并非是企业的主营业务，政府购买服务能否促进企业参与校企合作项目运营期投资的决定性因素是行业平均利润率。若政府购买服务能促使职业技能培训服务达到行业平均利润率水平，则会加强企业投资的意愿，反之，就会削弱企业投资的动力。根据2018～2022年国家统计年鉴数据，行业企业的平均利润率水平位于 –15%～20% 之间，现实中不同行业的平均利润率存在差别，如信息传输、软件和信息技术服务业、房地产业、建筑业以及医药制造业的平均利润率都大于10%。显然，政府购买服务难以促进平均利润率水平较高的行业企业参与项目运营期投资。

③从不同经营状况看，由于政府公办高职院校往往要参照实践教学外包服务的实施进度进行付款，因此企业参与校企合作项目运营期投资需要预先垫付资金，即企业提供职业技能培训服务需要挤占主营业务的经营现金流。企业主营业务经营净现金流占营业收入的比率越高，表明企业参与校企合作项目运营期投资的机会成本越高。当企业经营处于波峰时，主营业务经营净现金流的改善将会提升企业投资能力。反之，当企业经营陷入波谷时，主营业务经营净现金流的恶化将会抑制企业投资能力。基于此，政府购买服务对企业参与校企合作项目运营期投资的影响受企业经营状况的约束，即政府购买服务对不同经营状况企业会产生异质性影响。

基于上述分析，本书提出研究假设 5-3。

假设 5-3：政府购买服务对不同地区、不同行业及不同经营状况企业参与校企合作项目运营期投资具有异质性影响。

5.2 研究设计

根据政府购买服务对企业参与校企合作项目运营期投资的影响研究假设5-1～假设 5-3，下面将首先完成项目运营期企业的投资模型构建，接着再完成

❶ 根据 2018～2022 年国家统计年鉴数据整理得出。

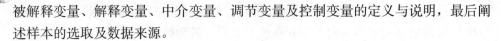

被解释变量、解释变量、中介变量、调节变量及控制变量的定义与说明，最后阐述样本的选取及数据来源。

5.2.1 模型构建

为了实证检验政府购买服务对企业参与校企合作项目运营期投资的影响（研究假设 5–1），本书借鉴肖丹（2023）的研究方法，构建基本回归模型（5–1），除了核心解释变量外，被解释变量可能会受到其他因素的影响，因此，控制变量的引入能够使得研究结果更为精准。在式（5–1）中，I 表示企业投资，i 表示行业企业，t 表示时间，β_0 为常数项，政府购买服务（GPS）为核心解释变量，Controls 为控制变量集：地方一般公共预算收入、地区在校生人数、行业发展水平、企业经营状况、现金流约束等因素；ε_i 为行业固定效应，用于反映不随时间改变的行业影响因素；λ_t 为年份固定效应，用于反映控制时间因素；$\mu_{i,t}$ 是残差项，包含其他不可观测的因素。若参数 $\beta_a > 1$，说明政府购买服务能够有效促进企业参与校企合作项目运营期投资。

$$I_{i,t} = \beta_0 + \beta_a GPS_{i,t} + \sum \beta_K Controls_{i,t} + \lambda_t + \mu_{i,t} \tag{5-1}$$

本书将政府购买服务（GPS）对企业参与校企合作项目运营期投资影响视为直接路径，将政府购买服务（GPS）补偿企业显性投资成本，改变企业投资能力（IC）和投资倾向（IP），再影响企业参与校企合作项目运营期投资视为间接路径。为了进一步验证政府购买服务对企业参与校企合作项目运营期投资影响的传导路径和作用机制，本书借鉴温忠麟（2014）提出的因果逐步回归法，构建政府购买服务的中介效应面板联立模型（5–2）～模型（5–4）。模型（5–2）为政府购买服务（GPS）对企业投资能力（IC）影响，CF 为企业的可支配现金流，NOCF 为经营净现金流，$I_{i,t-1}$ 为前一期投资（企业投资的显性成本），β_2 为影响系数。模型（5–3）为政府购买服务（GPS）对企业投资倾向 IP 的影响，其影响系数（β_4）反映为政府购买服务（GPS）对企业的投资增量影响，企业投资的显性成本反映为前一期投资 $I_{i,t-1}$。模型（5–4）为政府购买服务（GPS）对企业参与校企合作投资的直接影响效应与中介影响效应检验模型，其中，β_0 为常数项，β_1、β_3、β_5 及 β_k 为影响系数。

$$
\begin{cases}
IC_{i,t} = CF_{i,t} = \beta_2 NOCF_{i,t} \times GPS_{i,t} / I_{i,t-1} & (5-2) \\
IP_{i,t} = \beta_4 \left(I_{i,t} - I_{i,t-1} \right) / GPS_{i,t} & (5-3) \\
I_{i,t} = \beta_0 + \beta_1 GPS_{i,t} + \beta_3 IC_{i,t} + \beta_5 IP_{i,t} + \sum \beta_K Controls_{i,t} + \lambda_t + \mu_{i,t} & (5-4)
\end{cases}
$$

模型（5–2）～模型（5–4）检验了政府购买服务（GPS）对企业投资能力（IC）和投资倾向（IP）影响，其中，IC 为企业投资能力，用现金流敏感性

（$NOCF$）来度量；IP 为企业投资倾向，用投资增量（$I_{i,t} - I_{i,t-1}$）来度量，企业显性投资成本为 $I_{i,t-1}$。若政府购买服务能够提升企业投资能力并同时改善企业投资倾向，那么，β_2 与 β_4 均应大于1。若政府购买服务能够通过影响企业投资能力和投资倾向，间接促进企业参与校企合作项目运营期投资，那么，β_1、β_3、β_5 均应大于0。

5.2.2 数据来源及变量定义

（1）数据来源

在国务院办公厅印发《关于政府向社会力量购买服务的指导意见》（国办发〔2013〕96号）后，职业技能培训服务被列入政府购买服务指导性目录。为了进一步落实校企合作人才培养计划，2013年以来，各级政府积极开展购买职业技能培训服务。基于数据的相对完整性，本书以 2018 ～ 2022 年省级数据为研究样本，将政府购买服务与企业参与校企合作项目运营期投资数据进行匹配，同时剔除数据缺失的样本。本书选取的数据主要包括企业投资额、政府购买职业技能培训服务、企业财务报告、企业所处行业报告及高职院校的在校生人数。企业投资额数据来源于各省发改委公布的产教融合型企业实施考核公告，结合服务项目，来收集不同地区、不同行业、不同类型企业投资额。政府购买服务数据来源于各省的政府采购网和公办高职院校官网，结合招标文件，来收集不同地区、不同行业、不同类型企业的购买服务价款。企业财务报告数据来源于沪深两市 A 股企业上市公告，结合资产负债表、利润表及现金流量表，来分类收集并整理企业的经营状况数据。企业所处行业报告数据来源于中国统计年鉴官方网站，结合统计年鉴数据计算求得行业的总产值增速和行业的 GDP 贡献。高职院校在校生报告数据来源于中国统计年鉴官方网站，结合各省份的一般公共预算收入，计算求得职业技能培训服务的需求规模占地方财力的比重。

政府购买服务能够增加企业的利润总额和所得税费用，进而间接影响企业的净利润和经营净现金流。因此，按地区、行业及企业经营状况，分别采用分层抽样法，选取投资方企业的利润表数据和现金流量表数据组成时间序列数据样本。为便于计算，本书使用 EXCEL 的统计函数和排序功能，生成地区样本数据、行业样本数据及企业经营状况样本数据。由于数据缺失，此处剔除了甘肃、宁夏、新疆、青海及西藏地区数据。行业数据包括制造业、建筑业、批发和零售业、交通运输业、仓储和邮政业、住宿和餐饮业、信息技术服务业、金融业及房地产开发业。企业经营状况数据包括资产总额、权益总额、营业总收入、营业利润、利润总额、净利润。对时间序列数据，先做指数平滑处理，再对处理过的数据进行单位根检验。本书运用单位根 ADF 检验法，分别检验企业的相关数据，原假设为时间序列存在单位根，备选假设为时间序列不存在单位根。

本章采用分层抽样法（样本具有代表性且抽样误差小），以 2018 年 12 月、2019 年 12 月、2020 年 12 月、2021 年 12 月及 2022 年 12 月为参考时点，分别选取企业的利润表数据和现金流量表数据，组成地区面板数据、行业面板数据及不同经营状况企业面板数据。地区面板数据反映政府购买服务对不同省份企业参与校企合作项目运营期投资的动态影响变化，中介指标数据包括地区企业的总体投资能力和总体投资倾向。行业面板数据以行业类别为标准，反映政府购买服务对不同行业企业参与校企合作项目运营期投资的动态影响变化，中介指标数据包括行业企业的总体投资能力和总体投资倾向。不同经营状况企业面板数据以企业规模、盈利水平及主营业务为标准，反映政府购买服务对不同经营状况企业参与校企合作项目运营期投资的动态影响变化，中介指标数据包括分类企业的总体投资能力和总体投资倾向。

（2）变量定义

①被解释变量：企业投资额（$I_{i,t}$）。政府购买服务为支撑企业参与校企合作项目运营期投资提供了根本保障，其投资收益为企业带来了源源不断的资本积累，正是因为有了资本积累，企业投资才具有可持续性。本书按照地区和行业大类，分别统计不同地区、不同行业的企业投资额。此外，为进一步验证政府购买服务对大型企业和中小企业的投资影响，本书区分企业规模，分别统计不同规模企业参与校企合作项目运营期投资的情况。

②解释变量：政府购买服务（$GPS_{i,t}$）。目前，实训教学服务、1+X 证书培训服务及就业培训服务均已纳入政府购买服务项目，购买方式包括公开招标、竞争性磋商、邀请招标及单一来源采购，购买组织形式有分散购买和集中购买。为进一步验证政府购买方式和组织形式对企业投资能力（IC）和投资倾向（IP）的影响，本书将分别统计政府购买服务数量和政府购买服务价格，旨在寻求最佳购买方式和组织形式。

③中介变量：企业投资能力（$IC_{i,t}$）和投资倾向（$IP_{i,t}$）。政府购买服务能够有效补偿企业投资的显性成本并为企业带来经营现金流，进而形成企业投资能力的资本积累和投资倾向的基本保障。本书拟借鉴占韦威（2022）、孙慧（2022）的计算方法，分别统计企业投资能力（$IC_{i,t}=CF_{i,t}$）和投资倾向（$IP_{i,t}=FCF_{i,t}$）。企业投资能力（$IC_{i,t}$）以企业经营活动产生的现金流净额（$NOCF_{i,t}$）、政府购买服务（$GPS_{i,t}$）及前一期投资 $I_{i,t-1}$（企业投资的显性成本）的比值来予以度量。企业投资倾向（$IP_{i,t}$）以投资增量（$I_{i,t}$ 减去 $I_{i,t-1}$）与政府购买服务（$GPS_{i,t}$）的比值来度量，企业显性投资成本为 $I_{i,t-1}$。

④控制变量。为了缓冲其他因素对实证结果的影响，本书参考向羽（2023）的研究，还将多个控制变量引入回归模型，包括地方相对购买财力（$LPF_{i,t}$）、行业发展水平（$IDL_{i,t}$）和企业经营状况（$BS_{i,t}$）。地方相对购买财力（$LPF_{i,t}$）以不

同省份的高职院校在校生人数排名和一般公共预算收入排名之比来予以度量，本章将地方相对购买财力（$LPF_{i,t}$）作为控制变量，用以控制地区差异对政府购买服务实施的潜在影响。行业发展水平（$IDL_{i,t}$）以行业平均利润率水平（$IAPM$）来予以度量，本章将行业平均利润率水平（$IAPM$）作为控制变量，用以控制行业差异对政府购买服务实施的潜在影响。企业经营状况（$BS_{i,t}$）以主营业务利润率（$PMMB_{i,t}$）、经营净现金流占营业收入总额的比率（$NOCF_{i,t}/TOI_{i,t}$）来予以度量，本章将企业经营状况（$BS_{i,t}$）作为控制变量，用以控制企业经营状况差异对政府购买服务实施的潜在影响。

为了避免离群数据对回归结果的影响，本书对所有连续性变量进行了缩尾处理。在政府购买服务（$GPS_{i,t}$）对企业参与校企合作项目运营期投资（$I_{i,t}$）的影响回归模型中，变量定义与描述性统计分析如表 5–1 所示。从表 5–1 中的数据可以看出，被解释变量企业投资额的均值为 387.48 万元，说明政府购买服务的调控力度较为显著；政府购买服务的均值为 102.5 万元，标准差为 0.3575，说明政府购买服务的实施较为平稳；中介变量企业投资能力的均值为 129.5582 倍，标准差 611.4832，说明政府购买服务对不同企业投资能力的影响存在一定差异；中介变量企业投资倾向的均值为 1.9572，标准差 0.6102，说明政府购买服务对企业投资倾向的影响较为显著且稳定性较好；控制变量方面，地方相对购买财力的标准差为 2.2378，行业平均利润率的标准差 0.9875，企业经营活动的现金流净额的标准差 40.1133，主营业务利润率的标准差 0.9896，经营净现金流占营业收入总额的比率的标准差 0.9997，说明政府购买服务的实施效果存在一定的地区差异、行业差异及企业经营状况差异。

表 5–1　政府购买服务的实施效应：变量定义与描述性统计分析

变量	变量名称	变量符号	观测值	均值	标准差	最小值	最大值
被解释变量	企业参与校企合作投资额（百万元）	$I_{i,t}$	680	3.8748	0.6455	3	5
解释变量	政府购买服务（百万元）	$GPS_{i,t}$	680	1.025	0.3575	0.5	1.5
中介变量	企业投资能力	$IC_{i,t}$	680	129.5582	611.4832	−40	426.6666
	企业投资倾向	$IP_{i,t}$	680	1.9572	0.6102	1	3
控制变量	行业平均利润率	$IAPM$	680	0.6426	0.9875	−0.15	0.2
	地方相对购买财力	$LPF_{i,t}$	680	1.4959	2.2378	0.13	6.5
	企业经营活动的现金流净额（亿元）	$NOCF_{i,t}$	680	25.3416	40.1133	−4	128
	主营业务利润率	$PMMB_{i,t}$	680	0.1424	0.9896	0.08	0.60
	经营净现金流占营业收入总额的比率	$NOCF_{i,t}/TOI_{i,t}$	680	0.0073	0.9997	−0.0015	0.0025

财政支持政策对企业参与校企合作投资影响研究

5.3 实证结果与分析

为了检验政府购买服务对企业参与校企合作项目运营期投资的影响和作用机制,下面将分别对模型(5–1)～模型(5–4)做回归分析。在实证结果分析的基础上,验证政府购买服务对企业投资的影响效应和传导路径。最后,通过稳健性检验(Robust Test),来证实模型回归结果的稳健性。

5.3.1 实证结果

表 5–2 政府购买服务实施效应的基准回归结果

解释变量 与控制变量 \ 被解释变量	基准回归结果			
	(1) 企业投资额 ($I_{i,t}$)	(2) 企业投资额 ($I_{i,t}$)	(3) 企业投资额 ($I_{i,t}$)	(4) 企业投资额 ($I_{i,t}$)
	公开招标	竞争性磋商	邀请招标	单一来源
政府购买服务($GPS_{i,t}$)	1.6897** (0.0048)	1.1384** (0.0046)	0.7165** (0.0045)	0.5376** (0.0043)
经营净现金流($NOCF_{i,t}$)	0.1892** (0.0051)	0.1279** (0.0049)	0.0906** (0.0046)	0.0714** (0.0044)
企业投资增量($I_{i,t} - I_{i,t-1}$)	0.0315*** (0.0063)	0.0226*** (0.0061)	0.0115*** (0.0058)	0.0096*** (0.0055)
前一期投资($I_{i,t-1}$)	1.2415*** (0.0053)	1.1206*** (0.0055)	1.0138*** (0.0052)	0.9897*** (0.0051)
行业发展水平($IDL_{i,t}$)	0.0826* (0.0058)	0.0532* (0.0056)	0.0308* (0.0055)	0.0223* (0.0053)
企业经营状况($BS_{i,t}$)	−0.4868** (0.0052)	−0.2362** (0.0051)	−0.1495** (0.0050)	−0.1087** (0.0049)
行业固定效应	I	I	I	I
年份固定效应	Y	Y	Y	Y
观测值(N)	680	680	680	680
拟合优度(R^2)	0.9247	0.9225	0.9199	0.9168

注 ***、** 和 * 分别代表 1%、5% 和 10% 的显著性水平,括号中的数字为标准误。

表 5-2 报告了政府购买服务对企业参与校企合作项目运营期投资影响的基准回归结果，公开招标、竞争性磋商、邀请招标及单一来源方式下政府购买服务对企业投资额的影响系数分别为 1.6897、1.1384、0.7165 及 0.5376，且在 5% 的水平上通过显著性检验，说明政府购买服务对企业投资产生了直接影响，即 1 个单位的政府购买服务能够至少带动 0.5 倍以上的投资额增长，验证了研究假设 5-1。此外，通过比较分析公开招标、竞争性磋商、邀请招标及单一来源方式下政府购买服务对企业投资额的影响系数，就会发现政府购买定价和政府购买方式对企业投资会产生显著影响。其中，公开招标竞价方式下最有利于促进企业投资，究其原因，公开招标使得市场竞争更加充分，为了获取中标机会，供应商企业将不得不加大投资力度并提升服务质效，即基于购买方式方面验证了研究假设 5-2。比较而言，竞争性磋商、邀请招标及单一来源方式下企业的竞标压力有所下降，政府购买服务对企业投资额的影响系数依次递减。

  表 5-3 展示了政府购买服务对企业参与校企合作项目运营期投资影响的基准回归结果和中介效应检验结果，第（1）列为基准回归结果，第（2）列、（3）列、（4）列为中介效应检验结果。在第（1）列中，分散购买与集中购买组织形式下政府购买服务对企业投资的影响系数分别为 1.6897 与 3.0652，并且在 1% 的水平上通过显著性检验，说明集中购买易于形成规模效应并对企业投资产生持久性影响。究其原因，院校间联合集中购买数量已超出企业预期的最低保本销量，即基于购买组织形式方面验证了研究假设 5-2。第（2）列为政府购买服务对企业投资能力的影响，分散购买与集中购买组织形式下政府购买服务对企业投资能力的影响系数分别为 2.3576 与 3.9684，显然，集中购买更有利于提升企业投资能力。第（3）列为政府购买服务对企业投资倾向的影响，分散购买与集中购买组织形式下政府购买服务对企业投资倾向的影响系数分别为 4.1238 与 5.7263，显然，集中购买更有利于改善企业投资倾向。第（4）列为引入中介变量投资能力和投资倾向之后，政府购买服务对企业参与校企合作项目运营期投资的影响，分散购买组织形式下政府购买服务对企业投资额的影响系数由 1.6897 降至 1.5683（下降幅度为 7.18%）；集中购买组织形式下政府购买服务对企业投资额的影响系数由 3.0652 降至 2.4293（下降幅度为 20.75%）。显而易见，相比分散购买组织形式，集中购买组织形式更有利于促进政府购买服务的中介影响效应（在引入中介变量后，核心解释变量的影响系数下降幅度较大）。基于此，表 5-3 中的中介效应检验结果系统验证了研究假设 5-2。

表 5-3　政府购买服务实施的中介效应

被解释变量 解释变量与控制变量	基准回归结果		中介效应检验结果					
	(1) 企业投资额（$I_{i,t}$）		(2) 投资能力（$IC_{i,t}$）		(3) 投资倾向（$IP_{i,t}$）		(4) 企业投资额（$I_{i,t}$）	
	分散购买	集中购买	分散购买	集中购买	分散购买	集中购买	分散购买	集中购买
政府购买服务 （$GPS_{i,t}$）	1.6897*** (0.0048)	3.0652*** (0.0050)	2.3576** (0.0061)	3.9684** (0.0063)	4.1238** (0.0047)	5.7263** (0.0049)	1.5683*** (0.0053)	2.4293*** (0.0055)
投资能力（$IC_{i,t}$）	—	—	—	—	—	—	0.4667** (0.0048)	0.7392** (0.0049)
投资倾向（$IP_{i,t}$）	—	—	—	—	—	—	0.0463** (0.0053)	0.0705** (0.0055)
经营净现金流 （$NOCF_{i,t}$）	0.1892** (0.0051)	0.3068** (0.0053)	0.3976** (0.0061)	0.6756** (0.0063)			0.2163*** (0.0071)	0.3836*** (0.0073)
企业投资增量 （$I_{i,t} - I_{i,t-1}$）	0.0315*** (0.0063)	0.0738*** (0.0065)	—	—	0.4698*** (0.0064)	0.7395*** (0.0066)	0.0425*** (0.0064)	0.0796*** (0.0065)
前一期投资（$I_{i,t-1}$）	1.1892*** (0.0051)	1.0357*** (0.0056)	1.0415** (0.0048)	1.9698** (0.0051)			0.9372*** (0.0053)	1.1895*** (0.0055)
行业发展水平（$IDL_{i,t}$）	0.0826* (0.0058)						0.0693*** (0.0085)	
企业经营状况（$BS_{i,t}$）	−0.4868** (0.0052)						−0.4296** (0.0096)	
行业固定效应	I	I	I	I	I	I	I	I
年份固定效应	Y	Y	Y	Y	Y	Y	Y	Y
观测值（N）	680	680	680	680	680	680	680	680
拟合优度（R^2）	0.9247	0.9586	0.9472	0.9675	0.9316	0.9648	0.9588	0.9645

注　***、** 和 * 分别代表 1%、5% 和 10% 的显著性水平，括号中的数字为标准误。

5.3.2　内生性讨论

政府购买服务并非是严格意义上的政策性外生变量，因为在政府购买服务环节引入了市场竞争机制，承接供应商的竞标报价（参考项目运营期的投资成本）会影响政府购买服务，即政府购买服务作为解释变量与被解释变量（企业投资额）之间可能会存在双向因果关系。为了提高实证结果的可信度，本章借鉴 Blundell 和 Bond（1998）的方法，借助系统广义矩估计来解决回归模型的内生性问题，因为系统广义矩估计能够有效缓解新加入工具变量所造成的内生性风险。在政府购买服务实施效应的回归模型中，解释变量政府购买服务使用的是同期变量，而同期的被解释变量企业投资额有可能会影响政府购买服务规模。基于此，本章将企业投资额的滞后一期作为工具变量，借助 Stata 计算软件进行广义矩估计。表 5-4 报告了企业投资额的系统广义矩估计结果，被解释变量企业投资额的滞后一期（$I_{i,t+1}$）均呈显著性，因此，无需再使用高阶滞后变量作为工具变量。此外，其余解释变量的回归系数与显著性水平也和基准回归趋于一致，从而可以认为政府购买服务实施效应的回归结果具有稳健性。

表 5-4　政府购买服务实施效应的内生性检验

被解释变量〔解释变量与控制变量〕	基准回归结果			
	（1）企业投资额（$I_{i,t+1}$）	（2）企业投资额（$I_{i,t+1}$）	（3）企业投资额（$I_{i,t+1}$）	（4）企业投资额（$I_{i,t+1}$）
	公开招标	竞争性磋商	邀请招标	单一来源
政府购买服务（$GPS_{i,t}$）	1.6418**（0.0041）	1.1217**（0.0043）	0.6984**（0.0045）	0.4975**（0.0047）
经营净现金流（$NOCF_{i,t}$）	0.1806**（0.0050）	0.1104**（0.0051）	0.0793**（0.0053）	0.0635**（0.0054）
企业投资增量（$I_{i,t} - I_{i,t-1}$）	0.0293***（0.0061）	0.0207***（0.0063）	0.0108***（0.0059）	0.0075***（0.0053）
前一期投资（$I_{i,t-1}$）	1.2109***（0.0050）	1.1176***（0.0052）	1.0113***（0.0051）	0.9815***（0.0053）
行业发展水平（$IDL_{i,t}$）	0.0793*（0.0054）	0.0417*（0.0053）	0.0216*（0.0051）	0.0197*（0.0055）
企业经营状况（$BS_{i,t}$）	−0.4912**（0.0050）	−0.2419**（0.0048）	−0.1513**（0.0051）	−0.1002**（0.0047）
行业固定效应	I	I	I	I
年份固定效应	Y	Y	Y	Y
观测值（N）	530	530	530	530
拟合优度（R^2）	0.9318	0.9573	0.9327	0.9614

注　***、** 和 * 分别代表 1%、5% 和 10% 的显著性水平，括号中的数字为标准误。

5.3.3　稳健性检验

为确保实证分析结论的可靠性，本章运用延长回归时间、变换样本及变换被解释变量来进行稳健性检验。

（1）延长回归时间

2013 年，职业技能培训服务被列入政府购买服务指导性目录。到 2015 年，全国已有 16 个省份开展了政府购买职业技能培训服务。为了进一步确保模型回归结果的平稳性，本章将政府购买服务对企业参与校企合作项目运营期投资影响的时间序列由 2018 年向前延长至 2015 年。以 2015 ～ 2022 年省级数据为研究样本，将政府购买服务与企业参与校企合作项目运营期投资数据进行匹配，并剔除数据缺失的省份。表 5-5 为向前延长至 2015 年，2015 ～ 2022 年政府购买服务对企业参与校企合作项目运营期投资影响的回归结果。第（1）列基准回归结果显示政府购买服务（$GPS_{i,t}$）对企业投资额（$I_{i,t}$）的影响系数仍然大于 1，验证了标准化回归结果的平稳性。同时，第（2）列～第（4）列中介效应检验结果显示政府购买服务（$GPS_{i,t}$）对企业投资能力与投资倾向影响均大于 1.5 倍，进一步证实了研究结论的稳健性。

表 5-5　政府购买服务的实施效应：延长回归时间

被解释变量 解释变量与控制变量	基准回归结果		中介效应检验结果					
	(1) 企业投资额（$I_{i,t}$）		(2) 投资能力（$IC_{i,t}$）		(3) 投资倾向（$IP_{i,t}$）		(4) 企业投资额（$I_{i,t}$）	
	分散购买	集中购买	分散购买	集中购买	分散购买	集中购买	分散购买	集中购买
政府购买服务 （$GPS_{i,t}$）	1.2401** (0.0049)	1.9687*** (0.0050)	1.9625** (0.0051)	2.1524** (0.0053)	3.0716** (0.0049)	4.0415** (0.0051)	1.5123*** (0.0052)	1.7895*** (0.0053)
投资能力 （$ICgr_{i,t}$）	—	—	—	—	—	—	0.3186** (0.0051)	0.6003** (0.0052)
投资倾向 （$IPgr_{i,t}$）	—	—	—	—	—	—	0.0315** (0.0053)	0.0601** (0.0055)
经营净现金流 （$NOCF_{i,t}$）	0.1225** (0.0051)	0.2895** (0.0052)	0.2148** (0.0054)	0.5392** (0.0056)	—	—	0.1687*** (0.0061)	0.2438*** (0.0065)
企业投资增量 （$I_{i,t}-I_{i,t-1}$）	0.0218*** (0.0058)	0.0594*** (0.0061)	—	—	0.3218*** (0.0063)	0.5314*** (0.0065)	0.0308*** (0.0061)	0.0603*** (0.0062)
前一期投资 （$I_{i,t-1}$）	1.1901*** (0.0051)	1.0412*** (0.0053)	1.0403*** (0.0048)	1.9709** (0.0050)	—	—	0.9356*** (0.0051)	1.1887*** (0.0053)
行业发展水平 （$IDL_{i,t}$）	0.0805* (0.0053)		—	—	—	—	0.0624*** (0.0078)	
企业经营状况 （$BS_{i,t}$）	−0.5587** (0.0049)		—	—	—	—	−0.5396** (0.0088)	
行业固定效应	I	I	I	I	I	I	I	I
年份固定效应	Y	Y	Y	Y	Y	Y	Y	Y
观测值（N）	420	420	420	420	420	420	420	420
拟合优度（R^2）	0.9316	0.9653	0.9392	0.9584	0.9296	0.9593	0.9582	0.9594

注　***、**和*分别代表1%、5%和10%的显著性水平，括号中的数字为标准误。

（2）变换样本

变换样本的稳健性检验仍使用中小型工业企业数据替换规模以上工业企业数据，其回归结果如表5-6所示。第（1）列基准回归结果显示政府购买服务（$GPS_{i,t}$）对企业投资额（$I_{i,t}$）的影响系数仍大于1，说明政府购买价款已全部转化为企业投资额。在第（2）列中，政府购买服务（$GPS_{i,t}$）对企业投资能力的影响系数大于2，说明政府购买服务已改善了企业的经营净现金流。在第（3）列中，政府购买服务（$GPS_{i,t}$）对企业投资倾向的影响系数近似于4，说明企业对政府购买价款较为敏感。在第（4）列中，政府购买服务（$GPS_{i,t}$）对企业投资额的中介效应影响系数达到1倍以上，说明政府购买服务能促进企业参与校企合作项目运营期投资。在变换样本的情况下，尽管回归系数存在微小的差异，但系数的符号以及显著性均未改变，即验证了基准回归结果的稳健性。

表 5-6 政府购买服务的实施效应：变换样本后

被解释变量 / 解释变量与控制变量	基准回归结果		中介效应检验结果					
	（1）企业投资额（$I_{i,t}$）		（2）投资能力（$IC_{i,t}$）		（3）投资倾向（$IP_{i,t}$）		（4）企业投资额（$I_{i,t}$）	
	分散购买	集中购买	分散购买	集中购买	分散购买	集中购买	分散购买	集中购买
政府购买服务（$GPS_{i,t}$）	1.4826** (0.0043)	2.8532*** (0.0042)	2.0308** (0.0058)	3.2745** (0.0061)	3.9816** (0.0047)	5.3172** (0.0053)	1.5016*** (0.0052)	2.3914*** (0.0055)
投资能力（$IC_{i,t}$）	—	—	—	—	—	—	0.3876** (0.0047)	0.6392** (0.0053)
投资倾向（$IP_{i,t}$）	—	—	—	—	—	—	0.0392** (0.0053)	0.0682** (0.0055)
经营净现金流（$NOCF_{i,t}$）	0.1795** (0.0051)	0.3082** (0.0053)	0.3896** (0.0057)	0.6573** (0.0061)	—	—	0.1998*** (0.0066)	0.3596*** (0.0068)
企业投资增量（$I_{i,t}-I_{i,t-1}$）	0.0296*** (0.0063)	0.0698*** (0.0065)	—	—	0.4187*** (0.0066)	0.6793*** (0.0068)	0.0387*** (0.0065)	0.0685*** (0.0067)
前一期投资（$I_{i,t-1}$）	1.1893*** (0.0051)	1.0401*** (0.0053)	1.0384*** (0.0049)	1.9686** (0.0051)	—	—	0.9342*** (0.0052)	1.1871*** (0.0054)
行业发展水平（$IDL_{i,t}$）	0.0712* (0.0053)		—	—	—	—	0.0685*** (0.0078)	
企业经营状况（$BS_{i,t}$）	−0.5314** (0.0047)		—	—	—	—	−0.4746** (0.0068)	
行业固定效应	I	I	I	I	I	I	I	I
年份固定效应	Y	Y	Y	Y	Y	Y	Y	Y
观测值（N）	630	630	630	630	630	630	630	630
拟合优度（R^2）	0.9246	0.9584	0.9476	0.9679	0.9353	0.9658	0.9586	0.9678

注　***、** 和 * 分别代表 1%、5% 和 10% 的显著性水平，括号中的数字为标准误。

（3）变换被解释变量

为了进一步确保实证分析结论的可靠性，本章运用变换被解释变量的方法来进行稳健性检验。本章前文以企业参与校企合作投资额的绝对数作为被解释变量，分析政府购买服务对企业投资能力和投资倾向的影响。在此，本章再以企业参与校企合作投资额的相对数为被解释变量，即 2018 年作为基期，2019～2022 年的企业投资额增长率（$Igr_{i,t}$）作为被解释变量。为了验证政府购买服务对中介变量（企业投资能力和投资倾向）的传导效应，企业投资能力增长率（$ICgr_{i,t}$）和投资倾向改善率（$IPgr_{i,t}$）也作为被解释变量。表 5-7 中，政府购买服务（$GPS_{i,t}$）对企业投资额增长率（$Igr_{i,t}$）的影响系数大于 1，说明 1 单位的政府购买服务能够带来 1 倍以上的投资增长率。此外，政府购买服务（$GPS_{i,t}$）对企业投资能力增长率和投资倾向改善率的影响系数大于 2，说明政府购买服务实施的中介效应显著。基于此，表 5-7 中的检验结果与标准化回归结果趋于一致，即验证了研究结论的稳健性。

表5-7 政府购买服务的实施效应：变换被解释变量

	基准回归结果		中介效应检验结果					
被解释变量 解释变量 与控制变量	(1) 企业投资额增长率 ($Igr_{i,t}$)		(2) 投资能力增长率 ($ICgr_{i,t}$)		(3) 投资倾向改善率 ($IPgr_{i,t}$)		(4) 企业投资额增长率 ($Igr_{i,t}$)	
	分散购买	集中购买	分散购买	集中购买	分散购买	集中购买	分散购买	集中购买
政府购买服务 ($GPS_{i,t}$)	1.6938** （0.0046）	3.0924*** （0.0049）	2.3616** （0.0060）	3.9892** （0.0063）	4.1642** （0.0049）	5.7845** （0.0051）	1.5918*** （0.0051）	2.6462*** （0.0053）
投资能力增长率 ($ICgr_{i,t}$)	—	—	—	—	—	—	0.4695** （0.0049）	0.7452** （0.0051）
投资倾向改善率 ($IPgr_{i,t}$)	—	—	—	—	—	—	0.0472** （0.0054）	0.0738** （0.0056）
经营净现金流 ($NOCF_{i,t}$)	0.1935** （0.0052）	0.3576** （0.0054）	0.3992** （0.0059）	0.6798** （0.0065）	—	—	0.2175*** （0.0068）	0.3854*** （0.0070）
企业投资增量 ($I_{i,t}-I_{i,t-1}$)	0.0336*** （0.0061）	0.0755*** （0.0063）	—	—	0.4716*** （0.0065）	0.7412*** （0.0067）	0.0436*** （0.0063）	0.0814*** （0.0065）
前一期投资 ($I_{i,t-1}$)	1.1918*** （0.0051）	1.0492*** （0.0052）	1.0416** （0.0047）	1.9783** （0.0049）	—	—	0.9415*** （0.0053）	1.1914*** （0.0055）
行业发展水平 ($IDL_{i,t}$)	0.0837* （0.0055）		—	—	—	—	0.0708*** （0.0081）	
企业经营状况 ($BS_{i,t}$)	−0.4753** （0.0048）		—	—	—	—	−0.4285** （0.0092）	
行业固定效应	I	I	I	I	I	I	I	I
年份固定效应	Y	Y	Y	Y	Y	Y	Y	Y
观测值（N）	540	540	540	540	540	540	540	540
拟合优度（R^2）	0.9256	0.95984	0.9486	0.9683	0.9369	0.9665	0.9597	0.9689

注 ***、** 和 * 分别代表1%、5% 和10% 的显著性水平，括号中的数字为标准误。

5.3.4 机制识别

为了去除企业投资额与政府购买服务所取计量单位的影响，本书对模型（5–1）～模型（5–4）进行了标准化回归[1]：将原始数据减去变量的均值后，再除以变量的标准差，计算得出的回归方程为标准化回归方程，所得回归系数为标准化回归系数。标准化回归系数直接反映了政府购买服务对企业投资额的影响程度。另外，为了获得最佳拟合线，此处采用三阶段最小二乘法进行参数估计，其回归结果如表5–8所示。

---

[1] 龚艳冰. 基于可能性均值 - 方差距离的模糊线性回归模型参数估计 [J]. 统计与决策，2018（8）：28-31。

表 5-8　政府购买服务实施效应的标准化回归结果

解释变量 与控制变量　　被解释变量	基准回归结果		中介效应检验结果					
	(1) 企业投资额（$I_{i,t}$）		(2) 投资能力（$IC_{i,t}$）		(3) 投资倾向（$IP_{i,t}$）		(4) 企业投资额（$I_{i,t}$）	
	分散购买	集中购买	分散购买	集中购买	分散购买	集中购买	分散购买	集中购买
政府购买服务（$GPS_{i,t}$）	1.6348** (0.0049)	3.1245*** (0.0051)	2.3192** (0.0061)	3.9898** (0.0063)	4.0845** (0.0049)	5.8432** (0.0050)	1.5496*** (0.0051)	2.6968*** (0.0053)
投资能力（$IC_{i,t}$）	—	—	—	—	—	—	0.4476** (0.0048)	0.7638** (0.0051)
投资倾向（$IP_{i,t}$）	—	—	—	—	—	—	0.0437** (0.0054)	0.0728** (0.0055)
经营净现金流 （$NOCF_{i,t}$）	0.1845** (0.0052)	0.3312** (0.0055)	0.3898** (0.0062)	0.6815** (0.0065)	—	—	0.2125*** (0.0068)	0.3893*** (0.0071)
企业投资增量 （$I_{i,t} - I_{i,t-1}$）	0.0302*** (0.0061)	0.0765*** (0.0063)	—	—	0.4625*** (0.0063)	0.7416*** (0.0065)	0.0398*** (0.0059)	0.0821*** (0.0062)
前一期投资（$I_{i,t-1}$）	1.1907*** (0.0050)	1.0416*** (0.0053)	1.0407** (0.0047)	1.9712** (0.0049)	—	—	0.9368*** (0.0051)	1.1893*** (0.0052)
行业发展水平（$IDL_{i,t}$）	0.0798** (0.0053)		—	—	—	—	0.0546** (0.0051)	
企业经营状况（$BS_{i,t}$）	−0.4762** (0.0053)		—	—	—	—	−0.6835** (0.0051)	
行业固定效应	I	I	I	I	I	I	I	I
年份固定效应	Y	Y	Y	Y	Y	Y	Y	Y
观测值（N）	680	680	680	680	680	680	680	680
拟合优度（R^2）	0.9325	0.9632	0.9596	0.9786	0.9546	0.9716	0.9618	0.9729

注　***、** 和 * 分别代表 1%、5% 和 10% 的显著性水平，括号中的数字为标准误。

所有核心解释变量的回归系数均在较高显著性水平下通过检验，说明政府购买服务不仅能直接作用于企业投资额，还能通过影响企业投资能力和投资倾向间接作用于企业投资额。基于此，政府购买服务对企业参与校企合作项目运营期投资同时存在"政府购买服务→企业参与校企合作投资"与"政府购买服务→提升企业投资能力、改善企业投资倾向→企业参与校企合作投资"的效应传导路径、作用机制及影响因素，从而支持了研究假设 5-1 和假设 5-2。在此基础上，还需分析政府购买服务对企业参与校企合作项目运营期投资影响的直接效应、间接效应和总效应。根据表 5-9 的计算结果，分散购买组织形式下政府购买服务对企业参与校企合作投资影响的直接效应值为 1.5496，间接效应值为 1.2166，总效应值为 2.7662；集中联合购买组织形式下政府购买服务对企业参与校企合作投资影响的直接效应值为 2.6968，间接效应值为 3.4728，总效应值为 6.1696。通过计算与比较，说明集中联合购买组织形式下政府购买服务能够更有效地提升企业投资能力并改善企业投资倾向，进而发挥政府购买服务对企业投资的总体影响效应。

表 5–9 政府购买服务的作用机制及效应测算

项目	作用机制	效应测算	测算结果		总效应	
			分散购买	集中购买	分散购买	集中购买
直接效应	政府购买服务→企业参与校企合作项目运营期投资	β_1	1.5496	2.6968		
间接效应	政府购买服务→提升企业投资能力、改善企业投资倾向→企业参与校企合作项目运营期投资	$\beta_2 \times \beta_3 + \beta_4 \times \beta_5$	1.2166	3.4728	2.7662	6.1696

5.4 政府购买服务实施效应的异质性影响检验

对于不同地区、不同行业、不同经营状况的企业，政府购买服务对企业参与校企合作的投资能力（IC）和投资倾向（IP）均会产生异质性影响。这是因为对于相同的政府购买服务，不同的企业有着差别化的预期反应。从整体上看，异质性影响的存在势必会削弱政府购买服务的实施效应。基于服务需求与地方财力、行业发展水平与平均利润率及企业营业利润与现金流的异质性，下文分别探讨政府购买服务对不同地区、不同行业、不同经营状况企业参与校企合作投资的异质性影响，并验证研究假设 5–3。

5.4.1 异质性影响检验：基于服务需求与地方财力

根据 2022 年国家统计年鉴数据，按照高职院校在校生数量排名和地方财力排名，本书借鉴刘书明（2019）的研究，将全国划分一类地区、二类地区、三类地区及四类地区。一类地区是指在校生数量排名与一般公共预算收入排名之比大于 1.5（含 1.5）的省区，具体包括北京、上海、广东、江苏、浙江及福建。二类地区是指在校生数量排名与一般公共预算收入排名之比小于 1.5 且大于 1（含 1）的省区，具体包括山西、内蒙古、辽宁、天津、宁夏、青海及西藏。三类地区是指在校生数量排名与一般公共预算收入排名之比小于 1 且大于 0.7（含 0.7）的省区，包括黑龙江、吉林、安徽、湖北、江西、海南、四川、重庆、贵州、云南、陕西、甘肃、新疆。四类地区是指在校生数量排名与一般公共预算收入排名之比小于 0.7 的省区，包括河南、山东、河北、湖南及广西。在此，以高职院校在校生数量排名来反映服务需求规模，以一般公共预算收入排名来反映地方财力，地方相对购买财力等于在校生数量排名（RNS）与一般公共预算收入排名（RGPB）之比。

表 5–10 报告了政府购买服务对一类地区、二类地区、三类地区及四类地区企业参与校企合作项目运营期投资影响的回归结果。在院校分散购买组织形式

下，政府购买服务对一类地区、二类地区、三类地区及四类地区企业投资的影响系数分别为 2.5432、1.1285、0.7124、0.4375，总体标准偏差为 0.81061。在院校联合集中购买组织形式下，政府购买服务对一类地区、二类地区、三类地区及四类地区企业投资的影响系数分别为 3.6856、2.6518、2.3853、2.1987，总体标准偏差为 0.37454。显而易见，政府购买服务对不同地区企业投资会产生显著的异质性影响，即基于不同地区视角验证了研究假设 5-3。尽管如此，相比分散购买组织形式（总体标准偏差为 0.81061），院校联合集中购买组织形式下政府购买服务对不同地区企业投资的异质性影响较小（总体标准偏差为 0.37454），即总体标准偏差越小，不同地区企业投资的差异就越小。基于此，政府购买组织形式的合理选择能够有效缓解企业投资的地区异质性影响。

表 5-10　政府购买服务对不同地区企业投资影响的回归结果

被解释变量 解释变量及 控制变量	（1） 一类地区企业投资额 ($I_{i,t}$)		（2） 二类地区企业投资额 ($I_{i,t}$)		（3） 三类地区企业投资额 ($I_{i,t}$)		（4） 四类地区企业投资额 ($I_{i,t}$)	
	分散购买	集中购买	分散购买	集中购买	分散购买	集中购买	分散购买	集中购买
政府购买服务 ($GPS_{i,t}$)	2.5432*** (0.0051)	3.6856*** (0.0049)	1.1285*** (0.0053)	2.6518*** (0.0048)	0.7124*** (0.0055)	2.3853*** (0.0052)	0.4375*** (0.0051)	2.1987*** (0.0053)
投资能力 ($IC_{i,t}$)	0.4676** (0.0048)	0.6385** (0.0051)	0.3021** (0.0049)	0.5732** (0.0048)	0.1892** (0.0047)	0.4687** (0.0049)	0.0958** (0.0048)	0.2943** (0.0049)
投资倾向 ($IP_{i,t}$)	0.0532** (0.0051)	0.0716** (0.0053)	0.0396** (0.0052)	0.0618** (0.0051)	0.0205** (0.0053)	0.0465** (0.0050)	0.0101** (0.0055)	0.0329** (0.0052)
经营净现金流 ($NOCF_{i,t}$)	0.2746*** (0.0066)	0.3287*** (0.0068)	0.1895*** (0.0063)	0.2985*** (0.0065)	0.0987*** (0.0061)	0.2298*** (0.0067)	0.0308*** (0.0064)	0.1745*** (0.0066)
企业投资增量 ($I_{i,t} - I_{i,t-1}$)	0.0412*** (0.0056)	0.0716*** (0.0063)	0.0209*** (0.0057)	0.0608*** (0.0058)	0.0139*** (0.0059)	0.0516*** (0.0061)	0.0058*** (0.0057)	0.0435*** (0.0062)
前一期投资 ($I_{i,t-1}$)	1.3216*** (0.0051)	1.5673*** (0.0053)	1.1868*** (0.0051)	1.2798*** (0.0053)	1.0975*** (0.0051)	1.0053*** (0.0053)	1.0386*** (0.0051)	1.0005*** (0.0053)
行业发展水平 ($IDL_{i,t}$)	0.0516** (0.0051)	0.0615** (0.0052)	0.0324** (0.0049)	0.0525** (0.0053)	0.0168** (0.0047)	0.0318** (0.0053)	0.0078** (0.0047)	0.0232** (0.0054)
企业经营状况 ($BS_{i,t}$)	−0.6185** (0.0050)	−0.6124** (0.0053)	−0.7213** (0.0052)	−0.6516** (0.0051)	−0.8102** (0.0052)	−0.7325** (0.0053)	−0.9247** (0.0055)	−0.7892** (0.0054)
行业固定效应	I		I		I		I	
年份固定效应	Y		Y		Y		Y	
观测值 (N)	460		460		460		460	
拟合优度 (R^2)	0.9924	0.9931	0.9816	0.9829	0.9735	0.9756	0.9693	0.9718

注　***、** 和 * 分别代表 1%、5% 和 10% 的显著性水平，括号中的数字为标准误。

5.4.2　异质性影响检验：基于行业发展水平与平均利润率

根据 2018 ～ 2022 年国家统计年鉴数据，行业企业的平均利润率（*IAPM*）水平位于 –15% ～ 20% 之间，大约有 20% 的行业企业处于低水平（$IAPM \leqslant 5\%$），

50% 的行业企业处于中等水平（5% < $IAPM$ ≤ 10%），30% 的行业企业处于高水平（$IAPM$ > 10%）。为了验证政府购买服务对不同行业企业参与校企合作项目运营期投资的影响，本书结合行业平均利润率，将行业企业划分为三个不同等级：低水平（$IAPM$ ≤ 5%）、中等水平（5% < $IAPM$ ≤ 10%）及高水平（$IAPM$ > 10%）。

表 5–11 中的数据展示了政府购买服务对不同行业企业参与校企合作项目运营期投资影响的回归结果。在院校分散购买组织形式下，政府购买服务对低水平（$IAPM$ ≤ 5%）、中等水平（5% < $IAPM$ ≤ 10%）及高水平（$IAPM$ > 10%）行业企业投资的影响系数分别为 0.5258、1.2716、0.6853，总体标准偏差为 0.32066。显然，行业利润率处于中等水平下政府购买服务对企业投资的影响效应最大，究其原因，当行业利润率处于低水平时，企业参与校企合作的投资能力将会受限；反之，当行业利润率处于高水平时，企业参与校企合作的投资机会成本将会升高，进而挤压企业投资校企合作项目的倾向。因此，表 5–11 中的回归结果基于不同行业视角验证了研究假设 5–3。

表 5–11　政府购买服务对不同行业企业投资影响的回归结果

被解释变量 解释变量及控制变量	（1） 行业平均利润率 $IAPM$ ≤ 5% 企业投资额（$I_{i,t}$）		（2） 行业平均利润率 5% < $IAPM$ ≤ 10% 企业投资额（$I_{i,t}$）		（3） 行业平均利润率 $IAPM$ > 10% 企业投资额（$I_{i,t}$）	
	分散购买	集中购买	分散购买	集中购买	分散购买	集中购买
政府购买服务（$GPS_{i,t}$）	0.5258***	0.8649***	1.2716***	1.4892***	0.6853***	1.2457***
	(0.0054)	(0.0055)	(0.0051)	(0.0053)	(0.0048)	(0.0049)
投资能力（$IC_{i,t}$）	0.1398**	0.5437**	0.4296**	0.7163**	0.7125**	0.8396**
	(0.0043)	(0.0045)	(0.0047)	(0.0049)	(0.0051)	(0.0053)
投资倾向（$IP_{i,t}$）	0.0512**	0.0705**	0.0453**	0.0686**	0.0125**	0.0488**
	(0.0048)	(0.0051)	(0.0056)	(0.0055)	(0.0051)	(0.0053)
经营净现金流（$NOCF_{i,t}$）	0.0963***	0.1947***	0.2138***	0.3795***	0.6335***	0.7953***
	(0.0057)	(0.0059)	(0.0068)	(0.0066)	(0.0067)	(0.0069)
企业投资增量（$I_{i,t} - I_{i,t-1}$）	0.0035***	0.0116***	0.0392***	0.0761***	0.0113***	0.0308***
	(0.0051)	(0.0052)	(0.0061)	(0.0063)	(0.0053)	(0.0055)
前一期投资（$I_{i,t-1}$）	1.0245***	1.1998***	1.2376***	1.3897***	1.3135***	1.5893***
	(0.0051)	(0.0053)	(0.0051)	(0.0053)	(0.0051)	(0.0053)
行业发展水平（$IAPM_{i,t}$）	0.0012***	0.0018***	0.0688***	0.0692***	0.1376***	0.1915***
	(0.0073)	(0.0075)	(0.0081)	(0.0079)	(0.0085)	(0.0086)
行业固定效应	I	I	I	I	I	I
年份固定效应	Y	Y	Y	Y	Y	Y
观测值（N）	420	420	420	420	420	420
拟合优度（R^2）	0.9648	0.9665	0.9692	0.9708	0.9787	0.9793

注　***、** 和 * 分别代表 1%、5% 和 10% 的显著性水平，括号中的数字为标准误。

然而，长期以来，就业导向的校企合作投资项目仍亟须发展前景好的行业企业。为了吸引行业利润率高的企业参与竞标，部分公办高职院校统筹实践教学服务需求，委托招标代理机构进行联合集中购买。根据表 5–11 中的回归结果，院校联合集中购买组织形式下政府购买服务对低水平（$IAPM \leq 5\%$）、中等水平（$5\% < IAPM \leq 10\%$）及高水平（$IAPM > 10\%$）行业企业投资的影响系数分别为 0.8649、1.4892、1.2457，总体标准偏差为 0.15692。相比分散购买组织形式（总体标准偏差为 0.32066），在院校联合集中购买组织形式下，政府购买服务对不同行业企业投资的异质性影响较小（总体标准偏差为 0.15692），即总体标准偏差越小，不同行业企业投资的差异越小。基于此，政府购买组织形式的合理选择能够有效缓解企业投资的行业异质性影响。

5.4.3 异质性影响检验：基于企业营业利润与现金流

根据国内沪深两市 A 股企业（校企合作投资方）的上市财务报告，企业的主营业务利润率（$PMMB_{i,t}$）处于 8% ~ 60% 之间，经营净现金流占营业收入总额的比率（$NOCF_{i,t}/TOI_{i,t}$）处于 –0.15% ~ 0.25% 之间。结合主营业务利润率（$PMMB_{i,t}$）的概率分布，$PMMB_{i,t}$ 低于 15% 的企业约占 10%；$PMMB_{i,t}$ 位于 15% ~ 30% 的企业约占 50%，$PMMB_{i,t}$ 高于 30% 的企业约占 40%。结合经营净现金流（$NOCF_{i,t}/TOI_{i,t}$）的概率分布，$NOCF_{i,t}/TOI_{i,t}$ 小于 0 的企业约占 30%；$NOCF_{i,t}/TOI_{i,t}$ 位于 0 ~ 0.1% 的企业约占 60%，$NOCF_{i,t}/TOI_{i,t}$ 高于 0.1% 的企业约占 10%。

为了验证政府购买服务对不同经营状况企业参与校企合作项目运营期投资的影响，本书结合主营业务利润率，将企业划分为三个不同等级：低水平（$PMMB_{i,t} \leq 15\%$）、中等水平（$15\% < PMMB_{i,t} \leq 30\%$）及高水平（$PMMB_{i,t} > 30\%$）。基于政府购买服务对企业参与校企合作项目运营期投资的影响效应传导路径：政府购买价格（GP_e）→无差别的经营利润率→稳定的经营现金流→刺激企业参与校企合作投资 ΔI，可得出企业经营状况（$BS_{i,t}$）是影响政府购买服务实施效应的关键性因素。在此，为便于问题研究，以企业的主营业务利润率（$PMMB_{i,t}$）来反映无差别的经营利润率，以经营净现金流占营业收入总额的比率（$NOCF_{i,t}/TOI_{i,t}$）来反映稳定的经营现金流。

表 5–12 中的数据为政府购买服务对不同经营状况企业参与校企合作项目运营期投资影响的回归结果。在院校分散购买组织形式下，政府购买服务对低水平（$PMMB_{i,t} \leq 15\%$）、中等水平（$15\% < PMMB_{i,t} \leq 30\%$）及高水平（$PMMB_{i,t} > 30\%$）企业投资的影响系数分别为 0.4325、1.1248、0.6334，总体标准偏差为 0.29081。显而易见，企业的主营业务利润率（$PMMB_{i,t}$）位于 15% ~ 30% 之间时，政府购买服务对企业投资的影响效应最显著。究其原因，职业技能培训服务并非是企业的主营业务，企业的主营业务利润率处于低水平，企业参与校企合作的投资能力将会受限；反之，企业的主营业务利润率处于高水平，主营业务将会

挤压企业参与校企合作的投资倾向。因此，表 5–12 中的回归结果基于不同经营状况视角验证了研究假设 5–3。

表 5–12 中的回归结果表明政府购买服务对企业投资的影响效应会受到企业经营状况的制约。尽管如此，院校联合集中购买组织形式下政府购买服务对低水平（$PMMB_{i,t} \leq 15\%$）、中等水平（$15\% < PMMB_{i,t} \leq 30\%$）及高水平（$PMMB_{i,t} > 30\%$）企业投资的影响系数分别为 0.5636、1.2275、0.7893，总体标准偏差为 0.13795。相比分散购买组织形式（总体标准偏差为 0.29081），院校联合集中购买组织形式下政府购买服务对不同经营状况企业投资的异质性影响较小（总体标准偏差为 0.13795），即总体标准偏差越小，不同行业企业投资的差异越小。通过对比分析，可得出政府购买组织形式的合理选择能够有效缓解企业投资的经营状况异质性影响。

表 5–12　政府购买服务对不同经营状况企业投资影响的回归结果

解释变量及控制变量 \\ 被解释变量	（1）企业的主营业务利润率 $PMMB_{i,t} \leq 15\%$ 企业投资额（$I_{i,t}$）		（2）企业的主营业务利润率 $15\% < PMMB_{i,t} \leq 30\%$ 企业投资额（$I_{i,t}$）		（3）企业的主营业务利润率 $PMMB_{i,t} > 30\%$ 企业投资额（$I_{i,t}$）	
	分散购买	集中购买	分散购买	集中购买	分散购买	集中购买
政府购买服务（$GPS_{i,t}$）	0.4325***(0.0046)	0.5636***(0.0048)	1.1248***(0.0051)	1.2275***(0.0053)	0.6334***(0.0047)	0.7893***(0.0049)
投资能力（$IC_{i,t}$）	0.1296**(0.0041)	0.4696**(0.0043)	0.4895**(0.0045)	0.7617**(0.0047)	0.7948**(0.0049)	0.8669**(0.0051)
投资倾向（$IP_{i,t}$）	0.0542**(0.0048)	0.0761**(0.0050)	0.0492**(0.0051)	0.0728**(0.0053)	0.0133**(0.0053)	0.0688**(0.0055)
经营净现金流（$NOCF_{i,t}$）	0.0956***(0.0051)	0.1972***(0.0052)	0.2164***(0.0063)	0.4125***(0.0064)	0.6384***(0.0065)	0.7998***(0.0066)
企业投资增量（$I_{i,t}-I_{i,t-1}$）	0.0042***(0.0050)	0.0135***(0.0052)	0.0298***(0.0063)	0.0386***(0.0065)	0.0124***(0.0051)	0.0265***(0.0053)
前一期投资（$I_{i,t-1}$）	1.0317***(0.0051)	1.2416***(0.0053)	1.2535***(0.0051)	1.4683***(0.0053)	1.3248***(0.0051)	1.6354***(0.0053)
主营业务利润率（$PMMB_{i,t}$）	−0.2498**(0.0065)	−0.2195**(0.0066)	−0.4376**(0.0068)	−0.4232**(0.0069)	−0.6864**(0.0067)	−0.5312**(0.0069)
经营净现金流占营业收入总额的比率（$NOCF_{i,t}/TOI_{i,t}$）	−0.3196**(0.0076)	−0.2953**(0.0078)	−0.6284**(0.0074)	−0.5896**(0.0076)	−0.8415**(0.0073)	−0.7119**(0.0075)
行业固定效应	I	I	I	I	I	I
年份固定效应	Y	Y	Y	Y	Y	Y
观测值（N）	720	720	720	720	720	720
拟合优度（R^2）	0.9832	0.9841	0.9753	0.9765	0.9894	0.9896

注　***、** 和 * 分别代表 1%、5% 和 10% 的显著性水平，括号中的数字为标准误。

5.5　本章小结

本章以 2018 ～ 2022 年省级数据为研究样本，通过构建企业参与校企合作项目运营期投资（I）、政府购买服务（GPS）、投资能力（IC）及投资倾向（IP）的回归模型，来实证检验政府购买服务对企业投资的影响与作用机制效应，并得出以下研究结论。

①公开招标政府购买服务方式有利于促进企业参与校企合作项目运营期投资。根据政府购买服务对企业参与校企合作项目运营期投资影响的基准回归结果，在公开招标购买服务方式下，政府购买服务对企业投资的影响系数为 1.6897，而竞争性磋商、邀请招标及单一来源购买服务方式下政府购买服务对企业投资的影响系数分别为 1.1384、0.7165 及 0.5376，说明公开招标政府购买服务方式对企业投资影响最为显著。

②政府购买服务对企业参与校企合作项目运营期投资具有异质性影响。从不同地区来看，在分散购买组织形式下，政府购买服务对一类地区企业投资的影响系数最大，其影响系数是二类地区的 2.25 倍，是三类地区的 3.57 倍，是四类地区的 5.81 倍。相比分散购买组织形式，联合集中购买组织形式下政府购买服务对不同地区企业投资的异质性影响较小。从不同行业来看，当行业利润率处于中等水平时，政府购买服务对行业企业投资的影响效应最为显著。比较而言，联合集中购买组织形式对行业利润率水平高的企业参与项目运营期投资的促进效应更大。从不同经营状况来看，当企业的主营业务利润率位于 15% ～ 30% 时，政府购买服务对企业投资的影响效应最大。相比分散购买组织形式，联合集中购买组织形式对主营业务利润率高的企业参与项目运营期投资的促进效应更大。

6 抵免教育专项基金对企业投资影响的实证分析：基于机会成本

企业参与校企合作投资意味着要放弃部分主营业务的生产与经营，因此，选择的机会成本应得到政策补偿。不同于财政贴息能够补偿项目建设期的融资成本、政府购买服务可以补偿项目运营期投资的显性成本，抵免教育专项基金旨在补偿企业参与校企合作投资的机会成本。为验证抵免教育专项基金对企业参与校企合作投资的影响，本章首先提出问题的研究假设，然后构建计量模型进行实证分析，再进行稳健性检验和异质性分析，最后从教育专项基金的投资抵免率和分配方式两个方面，拓展抵免教育专项基金政策实施效应研究，以期为我国进一步完善现有教育专项基金政策提供参考依据。

6.1 研究假设

6.1.1 抵免教育专项基金对企业投资机会成本的一般性影响

抵免教育专项基金能够降低企业的税费负担，补偿企业参与校企合作投资的机会成本，从而对企业参与校企合作项目建设期投资与运营期投资产生影响。其作用机制是通过降低企业的税金及附加来增加企业的销售毛利、利润总额及经营净现金流，从而提升企业投资能力并改善企业投资倾向。具体而言，抵免教育专项基金与企业参与校企合作投资的内在逻辑体现为以下三个方面。

①征收额式抵免能够直接影响企业参与校企合作投资。《财政部关于调整部分政府性基金有关政策的通知》（财税〔2019〕46号）规定产教融合型企业可按投资额的30%抵免企业应纳教育专项基金，这种征收额式抵免能够在企业投资额与抵免应纳税额之间建立直接对应关系（邱文杰，2021）。比较而言，调减征收率与调减计征基数均难以建立与企业投资额之间的直接对应关系。教育专项基金的综合征收率为5%[1]，征收率的调减需要综合考虑企业投资额与计征基数，

---

[1] 教育费附加3%，地方教育附加2%。

而且其调减幅度和实施效果均不易把握。调减计征基数受制于初始计征基数的约束，且初始计征基数❶与企业投资互不相关（杨广俊，2022）。

②抵免教育专项基金的实施会受到增值税与消费税的影响。教育专项基金（教育费附加和地方教育附加）作为增值税与消费税的附征项目，抵免教育专项基金的实施会受到增值税与消费税的影响。若企业应纳教育专项基金小于校企合作投资额的30%，企业就不能够在当年全额抵免教育专项基金，而要待到以后年度分期抵免教育专项基金，从而抑制企业参与校企合作投资。反之，若企业应纳教育专项基金大于校企合作投资额的30%，抵免教育专项基金就会促进企业参与校企合作投资。基于此，企业能否抵免以及抵免多少取决于应纳教育专项基金与投资额的关系（颜敏娜，2020），即抵免教育专项基金政策的实施效应与企业应纳教育专项基金呈正相关，而企业应纳教育专项基金又取决于当期实际缴纳的增值税与消费税。

③抵免教育专项基金的实施会受到"减税降费"政策的影响。《财政部、税务总局关于增值税期末留抵退税有关城市维护建设税、教育费附加和地方教育附加政策的通知》（财税〔2018〕80号）规定："对实行增值税期末留抵退税的纳税人，允许其从教育费附加和地方教育附加的计征依据中扣除退还的增值税税额。"教育专项基金（教育费附加和地方教育附加）具有"附加"属性（黄沁，2019），因其缺乏独立的征收对象，征收规模将直接受制于增值税和消费税的税收波动。在我国经济发展新常态下，"减税降费"政策的实施使得教育专项基金收入出现了大幅回落（汪栋，2022）。因为教育费附加与地方教育附加的计征基数为企业实际缴纳的增值税与消费税，所以可能使得企业没有足够的应纳教育专项基金用于抵免校企合作投资额，从而抑制企业新增校企合作投资。

基于以上分析，本书提出研究假设6–1与假设6–2。

假设6–1：抵免教育专项基金能够通过补偿企业投资的机会成本，直接影响企业参与校企合作项目建设期和运营期投资。

假设6–2：企业参与校企合作项目建设期和运营期投资可能没有足够的应纳教育专项基金适用于政策抵免。

6.1.2　抵免教育专项基金对不同企业投资机会成本的异质性影响

为了进一步鼓励企业投资于产教融合实训基地项目，我国政府实施了投资抵免应纳教育专项基金政策。然而，抵免教育专项基金政策的实施受制于地区经济增长、行业发展水平及企业经营状况的制约（闫海，2021）。

---

❶　企业当期实际缴纳的增值税与消费税。

①抵免教育专项基金对不同地区企业投资会产生异质性影响。教育专项基金是一种以地方政府收费为主的政府性基金，影响其财源的直接因素是增值税与消费税的实际征收额。相比其他财政性教育经费，教育专项基金来源的地方化特征更为显著（黄沁，2019），即收入规模主要受地方经济发展水平的约束。由于我国地区经济发展水平不均衡，地区间教育专项基金收入也会存在一定的差距，因此对于相同的抵免教育专项基金政策，不同地区的企业往往会有差别化的预期反应。在经济发达地区，增值税与消费税的收入规模较大，企业就有充足的应纳教育费附加和地方教育附加用于政策抵免。相反，在经济欠发达地区，增值税与消费税的收入规模较小，企业就没有足够的应纳教育费附加和地方教育附加用于政策抵免。

②抵免教育专项基金对不同行业企业投资会产生异质性影响。根据财税〔2019〕46号，企业参与校企合作投资可按投资额的30%抵免企业当年应纳教育专项基金，其中，不足抵免部分可结转至以后年度分期抵免。对不同行业企业而言，30%的投资抵免率能否补偿参与校企合作投资的机会成本是需要特别关注的问题。企业参与校企合作投资就意味着要放弃其他经营业务的投资机会，因此行业的平均销售毛利率可用于衡量校企合作投资的机会成本（邱静，2022）。根据2022中国统计年鉴，采矿业、石油天然气开采业、烟草制品业、酒饮料精制茶制造业、医药制造业、旅游餐饮业、金融业等行业的销售毛利率水平均处于30%以上。行业发展水平将决定行业企业内部的资产结构、盈利水平及潜在投资动机，因而相同的抵免教育专项基金政策将会产生不同的实施效应，30%的投资抵免率可能无法补偿部分行业企业投资的机会成本。

③抵免教育专项基金对不同经营状况企业投资会产生异质性影响。我国教育费附加和地方教育附加的计征基数是消费税和增值税，计征基数的高低取决于企业的经营范围与营业收入，并不能体现缴纳义务和享受教育之间的必然联系（王明，2022）。如果企业的经营范围涉及消费税税目中的计税商品，或者经营业务适用较高的消费税税率和增值税税率，那么企业的营业收入越高，教育费附加和地方教育附加的计征基数就越高，即抵免教育专项基金政策对其有利。反之，如果企业的经营范围不涉及消费税或享受增值税税收优惠，那么教育费附加和地方教育附加的计征基数就较低，即抵免教育专项基金政策对其不利。

依据上述分析，本书提出研究假设6–3。

假设6–3：抵免教育专项基金对企业参与校企合作投资的影响会受地区经济发展水平、行业发展水平及企业经营状况的制约而具有异质性。

6.2 研究设计

根据抵免教育专项基金对企业参与校企合作投资的影响研究假设 6–1～假设 6–3，下面将首先完成企业的投资模型构建，其次完成被解释变量、解释变量、中介变量、调节变量及控制变量的定义与说明，最后阐述样本的选取及数据来源。

6.2.1 模型构建

为了实证检验抵免教育专项基金对企业参与校企合作投资的影响（研究假设 6–1～假设 6–3），本书借鉴雷童（2021）的研究方法，构建抵免教育专项基金实施的中介效应模型。在式（6–1）中，I 表示企业参与校企合作项目建设期投资，i 表示行业企业，t 表示时间，β_0 为常数项，财政贴息（FD）为核心解释变量，企业当期可抵免的教育专项基金（SFECA）为中介变量，Controls 为控制变量集：地方教育专项基金收入、行业发展水平、企业经营状况等因素；ε_i 为行业固定效应，反映不随时间改变的行业影响因素；λ_t 为年份固定效应，反映控制时间因素；μ_{it} 为残差项，包含其他不可观测的因素。若参数 $\beta_a > 1$，说明财政贴息能够有效促进企业参与校企合作项目建设期投资。在此，以行业企业的平均销售毛利率（ASGM）来衡量企业参与校企合作投资的机会成本（OCI）[式（6–2）]，这是因为投资在先、抵免在后，项目建设期投资无任何收益。在引入中介变量（SFECA）后，若回归系数（β_a）显著降低，说明企业当期可抵免的应纳教育专项基金（SFECA）的中介效应较为显著（ASGM ≤ 30%）。企业当期可抵免的应纳教育专项基金（SFECA）[式（6–3）]等于 min[$\Delta I \times 30\%$, $T(t) \times 5\%$]，min 为取最小值符号，ΔI 为企业当期新增的项目投资额，$T(t)$ 为企业当期实际缴纳增值税与消费税的合计数。企业投资能力（IC）[式（6–4）]取决于经营净现金流（NOCF）与当期可抵免的应纳教育专项基金（SFECA）。企业融资约束（FCI）[式（6–5）]取决于当期可抵免的应纳教育专项基金（SFECA）与项目贴息贷款（DLoan）。

$$
\begin{cases}
I_{i,t} = \beta_0 + \beta_1 FD_{i,t} + \beta_2 ASGM_{i,t} + \beta_3 SFECA_{i,t} + \beta_4 IC_{i,t} + \beta_5 FCI_{i,t} + \sum \beta_K Controls_{i,t} + \\
\quad \varepsilon_i + \lambda_t + \mu_{i,t} \hfill (6\text{–}1) \\
OCI_{i,t} = ASGM_{i,t} \hfill (6\text{–}2) \\
SFECA_{i,t} = \min\left(\Delta I \times 30\%, T(t) \times 5\%\right) \hfill (6\text{–}3) \\
IC_{i,t} = \beta_6 SFECA_{i,t} / NOCF_{i,t} \hfill (6\text{–}4) \\
FCI_{i,t} = \beta_7 DLoan_{i,t} / SFECA_{i,t} \hfill (6\text{–}5)
\end{cases}
$$

在式（6–6）中，I 表示企业参与校企合作项目运营期投资，i 表示行业企业，t 表示时间，β_0 为常数项，政府购买服务（GPS）为核心解释变量，企业当期可抵免的教育专项基金（$SFECA$）为中介变量，$Controls$ 为控制变量集：地方教育专项基金收入、行业发展水平、企业经营状况等；ε_i 为行业固定效应，反映不随时间改变的行业影响因素；λ_t 为年份固定效应，反映控制时间因素；$\mu_{i,t}$ 是残差项，包含其他不可观测的因素。同理，若参数 $\beta_\alpha > 1$，说明政府购买服务能够有效促进企业参与校企合作项目运营期投资。在此，以企业主营业务的平均销售毛利率（$ASGM$）与职业技能培训服务的平均销售毛利率（$VSTSASGM$）之差，衡量企业参与校企合作投资的机会成本（OCI）[式（6-7）]，这是因为在企业生产可能性边界内，主营业务与职业技能培训服务之间具有负相关的替代关系。在引入中介变量（$SFECA$）[式 6-8）] 后，若回归系数 β_α 显著降低，说明企业当期可抵免的应纳教育专项基金（$SFECA$）的中介效应较为显著。企业投资能力（IC）[式（6-9）] 取决于经营净现金流（$NOCF$）与当期可抵免的应纳教育专项基金（$SFECA$）。企业投资倾向（IP）[式（6-10）] 取决于当期可抵免的应纳教育专项基金（$SFECA$）与新增的项目投资额（$I_{i,t} - I_{i,t-1}$）。

$$
\begin{cases}
I_{i,t} = \beta_0 + \beta_1 GPS_{i,t} + \beta_2 SFECA_{i,t} + \beta_3\left(ASGM_{i,t} - VSTSASGM_{i,t}\right) + \beta_4 IC_{i,t} + \quad (6\text{-}6)\\
\qquad \beta_5 IP_{i,t} + \sum \beta_K Controls_{i,t} + \varepsilon_i + \lambda_t + \mu_{i,t} \qquad\qquad\qquad\qquad (6\text{-}7)\\
OCI_{i,t} = ASGM_{i,t} - VSTSASGM_{i,t} \qquad\qquad\qquad\qquad\qquad\qquad\qquad (6\text{-}8)\\
SFECA_{i,t} = \min\left(\Delta I \times 30\%, T(t) \times 5\%\right)\\
IC_{i,t} = \beta_6\, SFECA_{i,t}\big/ NOCF_{i,t} \qquad\qquad\qquad\qquad\qquad\qquad\qquad (6\text{-}9)\\
IP_{i,t} = \beta_7\left(I_{i,t} - I_{i,t-1}\right)\big/ SFECA_{i,t} \qquad\qquad\qquad\qquad\qquad\quad (6\text{-}10)
\end{cases}
$$

6.2.2 数据来源及变量定义

（1）数据来源

财税〔2019〕46 号实施以来，为了鼓励企业参与职业教育产教融合实训基地项目投资，各级政府都积极落实了产教融合型企业的投资抵免应纳教育专项基金政策。历经 2019 ～ 2023 年，在抵免教育专项基金政策的引领下，各类企业都积极开展产教融合实训基地项目投资。基于数据的可获得性和相对完整性，本书以 2019 ～ 2022 年省级数据为研究样本，将抵免教育专项基金与企业参与校企合作投资数据进行匹配，同时剔除了数据缺失的样本。本书选取的数据主要包括历年的校企合作投资数据、投资抵免应纳教育专项基金数据、财政贴息数据、政府购买服务数据、行业企业的平均销售毛利率数据及企业的财务报告数据。数据来源于各省份的公办高职院校官网、发改委官网、政府采购网、中国统计年鉴及沪深两市 A 股企业的财务公告，通过查阅公办高职院校的实训基地建设项目、发改委立项批复文件、招标采购文件、统计年鉴公告及上市公司财务公告即可获得原始数据。

为了确保样本的代表性并降低抽样误差，在此，以 2019 年 12 月、2020 年 12 月、2021 年 12 月、2022 年 12 月为时间轴，按地区、行业及企业经营状况，分别采用分层抽样法，选取投资方企业的利润表数据和现金流量表数据组成地区面板数据、行业面板数据及不同经营状况企业面板数据。地区面板数据包括地方教育专项基金收入、增值税税收、消费税税收。行业面板数据包括平均销售毛利率、适用的增值税税率、消费税税率及计税方法。不同经营状况企业面板数据包括企业投资额、销售收入、销售毛利率及应纳教育专项基金。本书根据企业所处地区、行业及经营状况将总体样本划分为若干个组，接着将每一组中的异常样本（离群数据）剔除，最后使用 EXCEL 统计函数生成分组样本数据。为了便于计算，本书使用 EXCEL 排序功能，生成地区样本数据、行业样本数据及企业经营状况样本数据。

对于时间序列数据，需先做指数平滑处理，再对处理过的数据进行单位根检验。若样本数据为平稳时间序列，则可在不同变量间直接建立回归模型。若样本数据为非平稳时间序列，需进一步验证变量之间是否存在"协整关系"，不存在"协整关系"的非平稳时间序列模型属于无任何意义的"伪回归"模型。本书运用单位根 ADF 检验法，分别检验企业的相关数据，其中，原假设为时间序列存在单位根，备选假设为时间序列不存在单位根。检验结果表明：在显著性水平 1%、5%、10% 下，T 统计值均落在拒绝原假设的区域（平稳时间序列）。此外，在线性回归模型中，若随机误差项 ε_i（$i=1,2,3,\cdots,n$）存在异方差，参数估计量就不具有良好的统计性质。为此，本书采用异方差性的常用检验方法：图示检验法、戈德菲尔德检验法（Goldfeld-Quandt）、戈里瑟检验法（Glejser Test）、布鲁奇—培根检验法（The Breusch-Pagan Test）、怀特检验法（White），分别验证截面数据是否存在异方差，检验结果表明，异方差检验 P 值均高于 0.60（不存在异方差）。

（2）变量定义

①被解释变量：企业投资额（$I_{i,t}$）。

抵免教育专项基金为企业参与校企合作投资提供了政策优惠，即准予企业按投资额的 30% 抵免当期应纳教育费附加和地方教育附加，进而，补偿企业因参与校企合作项目建设期投资和运营期投资所承担的机会成本。本书按照地区和行业大类，来分别统计不同地区、不同行业的企业投资额。此外，为进一步验证抵免教育专项基金对不同经营状况企业投资的影响，本书还区分企业经营范围，分别统计不同类型企业的投资额。

②解释变量：财政贴息（$FD_{i,t}$）及政府购买服务（$GPS_{i,t}$）。

在企业参与校企合作项目投资的建设期与运营期，本书将分别考察抵免教育

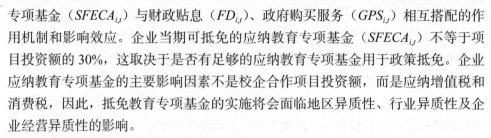

专项基金（$SFECA_{i,t}$）与财政贴息（$FD_{i,t}$）、政府购买服务（$GPS_{i,t}$）相互搭配的作用机制和影响效应。企业当期可抵免的应纳教育专项基金（$SFECA_{i,t}$）不等于项目投资额的30%，这取决于是否有足够的应纳教育专项基金用于政策抵免。企业应纳教育专项基金的主要影响因素不是校企合作项目投资额，而是应纳增值税和消费税，因此，抵免教育专项基金的实施将会面临地区异质性、行业异质性及企业经营异质性的影响。

③中介变量：抵免教育专项基金（$SFECA_{i,t}$）。

在项目建设期，企业需先行垫付30%的项目资本金，其余70%的项目资本金来源于贴息贷款，抵免教育专项基金旨在补偿企业垫付资本金的机会成本。企业参与校企合作项目建设期投资仅有投入而无任何产出，因此，主营业务的平均销售毛利率（$ASGM_{i,t}$）可用于衡量已垫付资本金的机会成本。在项目运营期，本书以企业主营业务的平均销售毛利率（$ASGM_{i,t}$）与职业技能培训服务的平均销售毛利率（$VSTSASGM$）之差，来度量企业参与校企合作投资的机会成本。事实上，抵免教育专项基金（$SFECA_{i,t}$）与财政贴息的相互搭配能够影响企业投资能力（$IC_{i,t}$）和融资约束（$FCI_{i,t}$）；抵免教育专项基金（$SFECA_{i,t}$）与政府购买服务的相互搭配能够提升企业投资能力（$IC_{i,t}$）并改善企业投资倾向（$IP_{i,t}$）。

④控制变量。

为了缓冲其他因素对实证结果的影响，本书还将多个控制变量引入回归模型，包括地方教育专项基金收入（$ILESF_{i,t}$）、"减税降费"政策（$PRTF_{i,t}$）、行业发展水平（$IDL_{i,t}$）和企业经营状况（$BS_{i,t}$）。因为企业可按新增校企合作投资额 ΔI 的30%抵免应纳教育专项基金，当期可抵免的教育专项基金（$SFECA_{i,t}$）不得超出应纳教育专项基金（$ESFP_{i,t}$），即企业当期实际缴纳增值税和消费税合计数的5%，所以，$SFECA_{i,t}$ 与地方教育专项基金收入（$ILESF_{i,t}$）、"减税降费"政策（$PRTF_{i,t}$）、行业发展水平（$IDL_{i,t}$）、企业经营状况（$BS_{i,t}$）高度相关。地方教育专项基金收入（$ILESF_{i,t}$）以不同省份的教育费附加和地方教育附加之和来予以度量，本章将地方教育专项基金收入（$ILESF_{i,t}$）作为控制变量，用以控制地区差异对抵免教育专项基金实施的潜在影响。"减税降费"政策（$PRTF_{i,t}$）以同期增值税和消费税税收的递减幅度来予以度量，本章将"减税降费"政策（$PRTF_{i,t}$）作为控制变量，用以控制税收政策差异对抵免教育专项基金实施的潜在影响。行业发展水平（$PRTF_{i,t}$）以行业企业平均销售毛利率水平（$IASGM_{i,t}$）来予以度量，本章将行业发展水平（$IDL_{i,t}$）作为控制变量，用以控制行业差异对抵免教育专项基金实施的潜在影响。企业经营状况（$BS_{i,t}$）以经营范围（$SB_{i,t}$）、主营业务利润率（$PMMB_{i,t}$）、经营净现金流占营业收入总额的比率（$NOCF_{i,t}/TOI_{i,t}$）来予以度量，本章将企业经营状况（$BS_{i,t}$）作为控制变量，用以控制企业经营状况差异对抵免教育专项基金实施的潜在影响。

此外，为了避免离群数据对回归结果的影响，本书对所有连续性变量进行了缩尾处理。在抵免教育专项基金（$SFECA_{i,t}$）对企业参与校企合作投资（$I_{i,t}$）的影响回归模型中，其变量定义与描述性统计分析如表 6-1 所示。从表 6-1 中的数据可以看出，被解释变量企业投资额的均值为 396.87 万元，说明抵免教育专项基金的政策调控力度较为显著；抵免教育专项基金的均值为 41.53 万元，标准差为 0.7276，说明抵免教育专项基金的实施较为平稳；中介变量企业投资能力的均值为 138.7605 倍，标准差为 636.04，抵免教育专项基金对不同企业投资能力的影响存在一定差异；中介变量企业投资倾向的均值为 1.9618，标准差为 0.5793，说明抵免教育专项基金对企业投资倾向的影响较为显著且稳定性较好；控制变量方面，地方教育专项基金收入占比的标准差为 0.0284，行业平均销售毛利率的标准差为 0.9248，企业经营范围的标准差为 0.5916，企业应纳教育专项基金的标准差为 0.9968，说明抵免教育专项基金的政策实施效果存在一定的地区差异、行业差异及企业经营状况差异。

表 6-1　抵免教育专项基金的实施效应：变量定义与描述性统计分析

变量	变量名称	变量符号	观测值	均值	标准差	最小值	最大值
被解释变量	企业投资额（百万元）	$I_{i,t}$	500	3.9687	0.5171	3	5
解释变量	财政贴息（百万元）	$FD_{i,t}$	500	0.1965	0.0656	0.1	0.3
	抵免教育专项基金（百万元）	$SFECA_{i,t}$	500	0.4153	0.7276	0.15	0.9
	政府购买服务（百万元）	$GPS_{i,t}$	500	1.025	0.3575	0.5	1.5
中介变量	主营业务的平均销售毛利率	$ASGM_{i,t}$	500	0.1694	0.7869	0.0245	0.4892
	企业投资能力	$IC_{i,t}$	500	138.7605	636.04	-40	426.6666
	企业融资约束	$FCI_{i,t}$	500	6.36	294.9896	-2.144	309.47
	企业投资倾向	$IP_{i,t}$	500	1.9618	0.5793	1	3
控制变量	地方教育专项基金收入占比	$ILESF_{i,t}$	500	0.0323	0.0284	0.0024	0.1259
	"减税降费"政策的实施（%）	$PRTF_{i,t}$	500	2.6	0.0523	1.5	3.7
	行业平均销售毛利率	$IASGM_{i,t}$	500	0.1825	0.9248	0.0358	0.6906
	企业经营范围	$SB_{i,t}$	500	5	0.5916	2	13
	企业经营净现金流（亿元）	$NOCF_{i,t}$	500	25.3416	40.1133	-4	128
	企业应纳教育专项基金（百万元）	$ESFP_{i,t}$	500	2.5375	0.9968	0.36	6.85
	经营净现金流占营业收入总额的比率	$NOCF_{i,t}/TOI_{i,t}$	500	0.0073	0.9997	-0.0015	0.0025

6.3　实证结果与分析

为了进一步验证抵免教育专项基金对企业参与校企合作投资的影响和作用机制，下面将分别对模型（6–1）、模型（6–2）、模型（6–3）……模型（6–10）做回归分析。在实证结果分析的基础上，来验证抵免教育专项基金对企业投资的影响效应和传导路径。最后，通过稳健性检验（Robust Test），证实模型回归结果的稳健性。

6.3.1　实证结果

表6–2报告了财政贴息、抵免教育专项基金对企业参与校企合作项目建设期投资机会成本影响的回归结果，其中，第（1）列为基准回归结果，第（2）列、（3）列、（4）列、（5）列为中介效应检验结果。在第（1）列基准回归中，当引入抵免教育专项基金后，财政贴息对企业参与校企合作投资影响的回归系数降为33.9845，下降幅度约为8%，说明抵免教育专项基金能够促进财政贴息的实施效应，并影响企业参与校企合作项目建设期投资。❶ 究其原因：贴息贷款仅占项目投资额的70%，企业还需垫付30%的资本金，抵免教育专项基金旨在补偿企业垫付资本金的机会成本，从而，基于项目建设期验证了研究假设6–1。在第（3）列中，当引入抵免教育专项基金后，财政贴息对企业投资能力影响系数为5.9683，而抵免教育专项基金对企业投资能力影响系数仅为1.8592，说明企业当期没有足够的应纳教育专项基金用于政策抵免。此外，在第（5）列中，抵免教育专项基金对企业投资额的中介效应影响系数达到4.1248倍，在理论上，中介效应影响系数应近似于3.3333（投资抵免率30%的倒数），企业融资约束与当期可抵免的教育专项基金成反比，说明企业参与校企合作项目建设期投资还有尚未抵免的部分。究其原因，我国"减税降费"政策使得企业当期没有充足的应纳增值税和消费税，导致企业当期可抵免的应纳教育专项基金较少，即基于项目建设期验证了研究假设6–2。

---

❶ 引入中介变量后，如果核心解释变量的影响系数有所下降，就说明中介效应较为显著。

表 6-2　项目建设期抵免教育专项基金实施效应的回归结果

被解释变量　　　解释变量与控制变量	基准回归结果		中介效应检验结果			
	(1) 企业投资额（$I_{i,t}$）		(2) 企业的平均销售毛利率（$ASGM_{i,t}$）	(3) 企业的投资能力（$IC_{i,t}$）	(4) 企业的融资约束（$FCI_{i,t}$）	(5) 企业投资额（$I_{i,t}$）
	未引入抵免教育专项基金（$SFECA_{i,t}$）	引入抵免教育专项基金（$SFECA_{i,t}$）				
财政贴息（$FD_{i,t}$）	36.8692*** (0.0052)	33.9845*** (0.0051)	—	5.9683** (0.0061)	−0.1863** (0.0052)	29.1245** (0.0055)
抵免教育专项基金（$SFECA_{i,t}$）	—	4.1256** (0.0049)	0.9896** (0.0053)	1.8592** (0.0057)	−0.6824** (0.0056)	4.1248** (0.0052)
销售毛利率（$ASGM_{i,t}$）						−0.0126*** (0.0059)
投资能力（$IC_{i,t}$）						0.2783** (0.0051)
融资约束（$FCI_{i,t}$）						−0.0415** (0.0048)
经营净现金流（$NOCF_{i,t}$）	0.1026** (0.0051)	0.1398** (0.0053)	—	0.8648** (0.0063)		0.1312*** (0.0055)
应纳教育专项基金（$ESFP_{i,t}$）	—	4.1256** (0.0049)				3.8125** (0.0051)
新增投资额（$\Delta I_{i,t}$）的30%	—	3.3333** (0.0055)				4.1238*** (0.0049)
"减税降费"政策（$PRTF_{i,t}$）		−0.1923** (0.0054)				−0.0716*** (0.0057)
行业固定效应	I	I	I	I	I	I
年份固定效应	Y	Y	Y	Y	Y	Y
观测值（N）	500	500	500	500	500	500
拟合优度（R^2）	0.9232	0.9354	0.9493	0.9675	0.9648	0.9896

注　***、** 和 * 分别代表1%、5%和10%的显著性水平，括号中的数字为标准误。

表 6-3 展示了政府购买服务、抵免教育专项基金对企业参与校企合作项目运营期投资机会成本影响的回归结果，第（1）列为基准回归结果，第（2）列、（3）列、（4）列、（5）列为中介效应检验结果。在第（1）列基准回归中，当引入抵免教育专项基金后，政府购买服务对企业参与校企合作投资影响的回归系数降为1.0735，下降幅度约为36%，这说明抵免教育专项基金政策发挥了显著效应（核心解释变量的影响系数显著下降）。究其原因：相比企业的主营业务，提供职业技能培训服务的销售毛利率太低，抵免教育专项基金为企业带来了无差别的销售毛利率，补偿了项目运营期投资的机会成本，从而，基于项目运营期验证了研究假设6-1。然而，通过对比分析第（3）列、（4）列，就会发现抵免教育专项基金对投资能力的中介效应影响系数仅为1.7653倍，而对投资倾向的中介效应影响系数达到3.9642倍，这种非对称影响同样源于企业当期没有足够的应纳教育专项基金用于抵免。在第（5）列中，抵免教育专项基金对企业投资额的中介

效应影响系数达到 3.9206 倍，在理论上，中介效应影响系数应近似于 3.3333（投资抵免率 30% 的倒数），企业投资倾向与当期可抵免的教育专项基金成反比，说明企业参与校企合作项目运营期投资还有尚未抵免的部分。究其原因，从某种意义上来说，"减税降费"政策削弱了抵免教育专项基金政策的实施效应，使得企业参与校企合作项目运营期投资却无法在即期享受政策抵免，即基于项目运营期验证了研究假设 6–2。

表 6–3　项目运营期抵免教育专项基金实施效应的回归结果

被解释变量 解释变量 与控制变量	基准回归结果		中介效应检验结果			
	(1) 企业投资额（$I_{i,t}$）		(2) 企业主营业务与 职业技能培训服务的平 均销售毛利率之差 （$ASGM_{i,t} - VSTSASGM_{i,t}$）	(3) 企业的 投资能力 （$IC_{i,t}$）	(4) 企业的 投资倾向 （$IP_{i,t}$）	(5) 企业 投资额 （$I_{i,t}$）
	未引入抵免 教育专项基金 （$SFECA_{i,t}$）	引入抵免教 育专项基金 （$SFECA_{i,t}$）				
政府购买服务 （$GPS_{i,t}$）	1.6897** (0.0048)	1.0735*** (0.0050)	—	2.4698** (0.0053)	3.1275** (0.0049)	1.7218** (0.0051)
抵免教育专项 基金（$SFECA_{i,t}$）	—	3.8142*** (0.0049)	1.3618 (0.0051)	1.7653** (0.0052)	3.9642** (0.0046)	3.9206** (0.0053)
企业主营业务与职业 技能培训服务的销售 毛利率之差 （$ASGM_{i,t} - VSTSASGM_{i,t}$）	—	—	—	—	—	−0.3852** (0.0054)
投资能力（$IC_{i,t}$）	—	—	—	—	—	0.6143** (0.0051)
投资倾向（$IP_{i,t}$）	—	—	—	—	—	0.3765*** (0.0052)
经营净现金流 （$NOCF_{i,t}$）	0.1892** (0.0051)	0.3217** (0.0052)	—	0.9694** (0.0048)	—	0.3496*** (0.0050)
应纳教育专项 基金（$ESFP_{i,t}$）	—	4.1238** (0.0051)	—	—	—	3.5478** (0.0053)
新增投资额（$\Delta I_{i,t}$） 的 30%	—	3.3333** (0.0053)	—	—	—	4.0916*** (0.0051)
"减税降费"政策 （$PRTF_{i,t}$）	—	−0.1937** (0.0055)	—	—	—	−0.3146** (0.0055)
行业企业平均销售 毛利率 （$IASGM_{i,t}$）	—	—	—	—	—	−0.3465*** (0.0061)
企业经营范围 （$SB_{i,t}$）	—	—	—	—	—	−0.1672** (0.0049)
观测值（N）	500	500	500	500	500	500
拟合优度（R^2）	0.9247	0.9368	0.9583	0.9725	0.09792	0.9886

注　***、** 和 * 分别代表 1%、5% 和 10% 的显著性水平，括号中的数字为标准误。

6.3.2　内生性讨论

抵免教育专项基金属于一种政策性外生变量，但抵免额的核定要参照项目投资额。因此，它与被解释变量（企业投资额）之间可能会存在双向因果关系。为了提高实证结果的可信度，本章借鉴 Blundell 和 Bond（1998）的方法，借助系统广义矩估计来解决回归模型的内生性问题，因为系统广义矩估计能够有效缓解新加入工具变量造成的内生性风险。在抵免教育专项基金实施效应的回归模型中，解释变量与中介变量都使用同期变量，而同期的被解释变量企业投资额有可能会影响抵免教育专项基金规模。基于此，本章将企业投资额的滞后一期作为工具变量，借助 Stata 计算软件进行广义矩估计。表 6–4 报告了项目建设期抵免教育专项基金实施效应的内生性检验，被解释变量企业投资额的滞后一期（$I_{i,t+1}$）均呈显著性，解释变量的影响系数与基准回归结果也趋于一致，因此，无须再使用高阶滞后变量作为工具变量。表 6–5 报告了项目运营期抵免教育专项基金实施效应的内生性检验，被解释变量企业投资额的滞后一期（$I_{i,t+1}$）均呈显著性，解释变量的影响系数与基准回归结果也趋于一致，因此，无须再使用高阶滞后变量作为工具变量。此外，其余变量的回归系数与显著性水平也趋同于基准回归结果，从而可以认为抵免教育专项基金实施效应的回归结果具有稳健性。

表 6–4　项目建设期抵免教育专项基金实施效应的内生性检验

被解释变量 解释变量 与控制变量	基准回归结果		中介效应检验结果			
	（1） 企业投资额（$I_{i,t+1}$）		（2） 企业的平均销售毛利率 （$ASGM_{i,t+1}$）	（3） 企业的投资能力 （$IC_{i,t+1}$）	（4） 企业的融资约束 （$FCI_{i,t+1}$）	（5） 企业投资额 （$I_{i,t+1}$）
	未引入抵免教育专项基金（$SFECA_{i,t}$）	引入抵免教育专项基金（$SFECA_{i,t}$）				
财政贴息（$FD_{i,t}$）	34.6771*** （0.0051）	31.2463*** （0.0052）	—	5.6142** （0.0058）	−0.1974** （0.0053）	26.0125** （0.0055）
抵免教育专项基金 （$SFECA_{i,t}$）	—	4.1147** （0.0043）	0.9136** （0.0051）	1.8473** （0.0052）	−0.6961** （0.0054）	4.0703** （0.0055）
销售毛利率（$ASGM_{i,t}$）						−0.0157*** （0.0056）
投资能力（$IC_{i,t}$）						0.2413** （0.0053）
融资约束（$FCI_{i,t}$）						−0.0462** （0.0046）
经营净现金流 （$NOCF_{i,t}$）	0.1001** （0.0046）	0.1216** （0.0051）		0.8417** （0.0058）		0.1242*** （0.0053）
应纳教育专项基金 （$ESFP_{i,t}$）	—	4.3206** （0.0051）				3.6432** （0.0055）
新增投资额（$\Delta I_{i,t}$） 的30%		3.3333** （0.0053）				4.1279*** （0.0043）
"减税降费" 政策（$PRTF_{i,t}$）		−0.1923** （0.0054）				−0.0825*** （0.0054）
行业固定效应	I	I	I	I	I	I
年份固定效应	Y	Y	Y	Y	Y	Y
观测值（N）	380	380	380	380	380	380
拟合优度（R^2）	0.9253	0.9371	0.9519	0.9687	0.9662	0.9905

注　***、** 和 * 分别代表 1%、5% 和 10% 的显著性水平，括号中的数字为标准误。

表6-5　项目运营期抵免教育专项基金实施效应的内生性检验

被解释变量 解释变量与控制变量	基准回归结果		中介效应检验结果			
	(1) 企业投资额（$I_{i,t+1}$）		(2) 企业主营业务与职业技能培训服务的平均销售毛利率之差（$ASGM_{i,t+1} - VSTSASGM_{i,t+1}$）	(3) 企业的投资能力（$IC_{i,t+1}$）	(4) 企业的投资倾向（$IP_{i,t+1}$）	(5) 企业投资额（$I_{i,t+1}$）
	未引入抵免教育专项基金（$SFECA_{i,t}$）	引入抵免教育专项基金（$SFECA_{i,t}$）				
政府购买服务（$GPS_{i,t}$）	1.6713** (0.0046)	1.0641*** (0.0051)	—	2.4517** (0.0052)	3.1045** (0.0050)	1.3982** (0.0054)
抵免教育专项基金（$SFECA_{i,t}$）	—	3.7648*** (0.0043)	1.3475 (0.0052)	1.7421** (0.0053)	3.9307** (0.0045)	3.9115** (0.0051)
企业主营业务与职业技能培训服务的销售毛利率之差（$ASGM_{i,t} - VSTSASGM_{i,t}$）	—	—	—	—	—	−0.3934** (0.0052)
投资能力（$IC_{i,t}$）	—	—	—	—	—	0.5926** (0.0053)
投资倾向（$IP_{i,t}$）	—	—	—	—	—	0.3617*** (0.0050)
经营净现金流（$NOCF_{i,t}$）	0.1802** (0.0049)	0.3003** (0.0051)	—	0.9576** (0.0044)	—	0.3413*** (0.0049)
应纳教育专项基金（$ESFP_{i,t}$）	—	4.1915** (0.0053)	—	—	—	3.5236** (0.0055)
新增投资额（$\Delta I_{i,t}$）的30%	—	3.3333** (0.0049)	—	—	—	4.0342*** (0.0052)
"减税降费"政策（$PRTF_{i,t}$）	—	−0.1986** (0.0053)	—	—	—	−0.3235** (0.0051)
行业企业平均销售毛利率（$IASGM_{i,t}$）	—	—	—	—	—	−0.3512*** (0.0057)
企业经营范围（$SB_{i,t}$）	—	—	—	—	—	−0.1716** (0.0054)
观测值（N）	430	430	430	430	430	430
拟合优度（R^2）	0.9317	0.9412	0.9603	0.9834	0.09815	0.9893

注　***、** 和 * 分别代表1%、5% 和10% 的显著性水平，括号中的数字为标准误。

6.3.3　稳健性检验

为确保实证分析结论的可靠性，本章运用变换回归方法、变换样本及变换被解释变量来进行稳健性检验。

（1）变换回归方法

三阶段最小二乘（3SLS）法属于联立方程的一种系统估计法，相比二阶段最小二乘法，该方法得出的参数估计具有更好的渐近有效性。基于此，本章前文已使用三阶段最小二乘法完成联立方程的参数估计。然而，使用三阶段最小二乘（3SLS）法得出的参数估计值易受到个别方程定型偏误的影响。为此，本章再使用广义矩估计法（GMM）来进行单一方程估计，从而完成对标准化回归结果的稳健性检验。通过比较分析抵免教育专项基金对企业参与校企合作项目建设期投资的影响，可得出变换回归方法后的检验结果（表6–6）与表6–2中的回归结果趋于一致。同时，比较分析抵免教育专项基金对企业参与校企合作项目运营期投资的影响，可得出变换回归方法后的检验结果（表6–7）与表6–3中的回归结果趋于一致。因此，实证结果不依赖于某种特定的回归方法，证实了研究结论的稳健性。

表6–6　项目建设期抵免教育专项基金的实施效应：变换回归方法

被解释变量 解释变量 与控制变量	基准回归结果		中介效应检验结果			
	（1） 企业投资额（$I_{i,t}$）		（2） 企业的平均销售毛利率（$ASGM_{i,t}$）	（3） 企业的投资能力（$IC_{i,t}$）	（4） 企业的融资约束（$FCI_{i,t}$）	（5） 企业投资额（$I_{i,t}$）
	未引入抵免教育专项基金（$SFECA_{i,t}$）	引入抵免教育专项基金（$SFECA_{i,t}$）				
财政贴息（$FD_{i,t}$）	36.8723*** （0.0051）	33.2139*** （0.0050）	—	5.9476** （0.0059）	−0.1903** （0.0053）	29.1605** （0.0055）
抵免教育专项基金（$SFECA_{i,t}$）	—	4.1311** （0.0048）	0.9857** （0.0051）	1.7865** （0.0055）	−0.6792** （0.0058）	4.1314** （0.0053）
销售毛利率（$ASGM_{i,t}$）	—	—	—	—	—	−0.0127*** （0.0058）
投资能力（$IC_{i,t}$）	—	—	—	—	—	0.2793** （0.0051）
融资约束（$FCI_{i,t}$）	—	—	—	—	—	−0.0421** （0.0049）
经营净现金流（$NOCF_{i,t}$）	0.1025** （0.0051）	0.1409** （0.0052）	—	0.8656** （0.0061）	—	0.1319*** （0.0053）
应纳教育专项基金（$ESFP_{i,t}$）	—	4.1316** （0.0048）	—	—	—	3.8131** （0.0052）
新增投资额（$\Delta I_{i,t}$）的30%	—	3.3333** （0.0055）	—	—	—	4.1241*** （0.0048）
"减税降费"政策（$PRTF_{i,t}$）	—	−0.1931** （0.0053）	—	—	—	−0.0724*** （0.0054）
行业固定效应	I	I	I	I	I	I
年份固定效应	Y	Y	Y	Y	Y	Y
观测值（N）	500	500	500	500	500	500
拟合优度（R^2）	0.9249	0.9357	0.9535	0.9697	0.9659	0.9913

注　***、** 和 * 分别代表1%、5%和10%的显著性水平，括号中的数字为标准误。

表6-7 项目运营期抵免教育专项基金的实施效应：变换回归方法

被解释变量 解释变量 与控制变量	基准回归结果		中介效应检验结果			
	(1) 企业投资额（$I_{i,t}$）		(2) 企业主营业务与职业技能培训服务的销售毛利率之差（$ASGM_{i,t}-VSTSASGM_{i,t}$）	(3) 企业的投资能力（$IC_{i,t}$）	(4) 企业的投资倾向（$IP_{i,t}$）	(5) 企业投资额（$I_{i,t}$）
	未引入抵免教育专项基金（$SFECA_{i,t}$）	引入抵免教育专项基金（$SFECA_{i,t}$）				
政府购买服务（$GPS_{i,t}$）	1.6902** （0.0050）	1.0614*** （0.0048）	—	2.4677** （0.0052）	3.1239** （0.0051）	1.7223** （0.0055）
抵免教育专项基金（$SFECA_{i,t}$）	—	3.8163*** （0.0051）	1.3625 （0.0053）	1.7673** （0.0055）	3.9669** （0.0048）	3.9249** （0.0053）
企业主营业务与职业技能培训服务的销售毛利率之差（$ASGM_{i,t}-VSTSASGM_{i,t}$）	—	—	—	—	—	−0.3815** （0.0051）
投资能力（$IC_{i,t}$）	—	—	—	—	—	0.6168** （0.0052）
投资倾向（$IP_{i,t}$）	—	—	—	—	—	0.3798*** （0.0053）
经营净现金流（$NOCF_{i,t}$）	0.1885** （0.0051）	0.3229** （0.0053）	—	0.9716** （0.0048）	—	0.3523*** （0.0050）
应纳教育专项基金（$ESFP_{i,t}$）	—	4.0743*** （0.0048）	—	—	—	3.3327** （0.0052）
新增投资额（$\Delta I_{i,t}$）的30%	—	3.3333** （0.0055）	—	—	—	4.0929*** （0.0053）
"减税降费"政策（$PRTF_{i,t}$）	—	−0.2017** （0.0053）	—	—	—	−0.3169** （0.0056）
行业企业平均销售毛利率（$IASGM_{i,t}$）	—	—	—	—	—	−0.3485*** （0.0053）
企业经营范围（$SB_{i,t}$）	—	—	—	—	—	−0.1691** （0.0054）
行业固定效应	I	I	I	I	I	I
年份固定效应	Y	Y	Y	Y	Y	Y
观测值（N）	500	500	500	500	500	500
拟合优度（R^2）	0.9352	0.9384	0.9635	0.9803	0.9836	0.9917

注　***、** 和 * 分别代表1%、5%和10%的显著性水平，括号中的数字为标准误。

（2）变换样本

产教融合实训基地项目的投资方企业大多为加工制造类企业，因此本章变换样本的稳健性检验仍使用中小型工业企业数据替换规模以上工业企业数据，回归结果如表6-8、表6-9所示。在方程（1）中，当引入抵免教育专项基金后，财政贴息、政府购买服务对企业投资的影响系数分别下降为29.3572和0.9896，说明抵免教育专项基金已有效补偿了企业投资的机会成本，并发挥了重要的中介影响效应（核心解释变量的影响系数显著下降）。在方程（3）中，抵免教育专项基金对企业投资能力影响系数均大于1，说明抵免教育专项基金政策还能促进中小企业参与校企合作投资。在方程（5）中，抵免教育专项基金对企业投资的中介效应影响系数均大于3.3333（投资抵免率30%的倒数），这说明企业仍有部分投资额尚未得到抵免，因为企业投资倾向与当期可抵免的教育专项基金成反比。在变换样本的情况下，尽管回归系数存在微小的差异，但影响系数均在临界值以内，即验证了标准化回归结果的稳健性。

表 6-8　项目建设期抵免教育专项基金的实施效应：变换样本

被解释变量 解释变量 与控制变量	基准回归结果		中介效应检验结果			
	（1） 企业投资额（$I_{i,t}$）		（2） 企业的平均销售毛利率（$ASGM_{i,t}$）	（3） 企业的投资能力（$IC_{i,t}$）	（4） 企业的融资约束（$FCI_{i,t}$）	（5） 企业投资额（$I_{i,t}$）
	未引入抵免教育专项基金（$SFECA_{i,t}$）	引入抵免教育专项基金（$SFECA_{i,t}$）				
财政贴息（$FD_{i,t}$）	32.7356*** (0.0051)	29.3572*** (0.0053)	—	4.4916** (0.0057)	−0.3875** (0.0056)	26.5863** (0.0054)
抵免教育专项基金（$SFECA_{i,t}$）	—	2.9847** (0.0050)	0.7159** (0.0051)	1.0918** (0.0053)	−0.7986** (0.0055)	3.7815** (0.0056)
销售毛利率（$ASGM_{i,t}$）	—	—	—	—	—	−0.0308*** (0.0057)
投资能力（$IC_{i,t}$）	—	—	—	—	—	0.1692** (0.0053)
融资约束（$FCI_{i,t}$）	—	—	—	—	—	−0.0907** (0.0049)
经营净现金流（$NOCF_{i,t}$）	0.0618** (0.0051)	0.0946** (0.0053)	—	0.6155** (0.0058)	—	0.0758*** (0.0053)
应纳教育专项基金（$ESFP_{i,t}$）	—	3.7815** (0.0051)	—	—	—	3.6301** (0.0052)
新增投资额（$\Delta I_{i,t}$）的30%	—	3.3333** (0.0053)	—	—	—	4.0806*** (0.0051)
"减税降费"政策（$PRTF_{i,t}$）	—	−0.2358** (0.0055)	—	—	—	−0.0985*** (0.0056)
行业固定效应	I	I	I	I	I	I
年份固定效应	Y	Y	Y	Y	Y	Y
观测值（N）	730	730	730	730	730	730
拟合优度（R^2）	0.9348	0.9532	0.9696	0.9732	0.9824	0.9936

注　***、** 和 * 分别代表 1%、5% 和 10% 的显著性水平，括号中的数字为标准误。

表 6-9　项目运营期抵免教育专项基金的实施效应：变换样本

被解释变量 解释变量 与控制变量	基准回归结果		中介效应检验结果			
	（1） 企业投资额（$I_{i,t}$）		（2） 企业主营业务与职业技能培训服务的销售毛利率之差 （$ASGM_{i,t} - VSTSASGM_{i,t}$）	（3） 企业的投资能力 （$IC_{i,t}$）	（4） 企业的投资倾向 （$IP_{i,t}$）	（5） 企业投资额 （$I_{i,t}$）
	未引入抵免教育专项基金（$SFECA_{i,t}$）	引入抵免教育专项基金（$SFECA_{i,t}$）				
政府购买服务（$GPS_{i,t}$）	1.1895** (0.0050)	0.9896*** (0.0048)	—	1.9679** (0.0052)	2.5637** (0.0050)	1.0874** (0.0053)
抵免教育专项基金 （$SFECA_{i,t}$）	—	3.3145*** (0.0052)	1.1893 (0.0054)	1.1058** (0.0053)	2.4676** (0.0051)	3.3435** (0.0055)
企业主营业务与职业技能培训服务的销售毛利率之差 （$ASGM_{i,t} - VSTSASGM_{i,t}$）	—	—	—	—	—	−0.2794** (0.0051)
投资能力（$IC_{i,t}$）	—	—	—	—	—	0.5017** (0.0052)
投资倾向（$IP_{i,t}$）	—	—	—	—	—	0.2168*** (0.0053)
经营净现金流（$NOCF_{i,t}$）	0.1265** (0.0051)	0.2003** (0.0049)	—	0.7356** (0.0053)	—	0.2497*** (0.0054)
应纳教育专项基金 （$ESFP_{i,t}$）	—	3.9658** (0.0047)	—	—	—	3.3333** (0.0051)
新增投资额（$\Delta I_{i,t}$）的30%	—	3.3333** (0.0052)	—	—	—	4.0716*** (0.0052)
"减税降费"政策（$PRTF_{i,t}$）	—	−0.2696** (0.0055)	—	—	—	−0.4832** (0.0056)
行业企业平均销售毛利率 （$IASGM_{i,t}$）	—	—	—	—	—	−0.3165*** (0.0057)
企业经营范围（$SB_{i,t}$）	—	—	—	—	—	−0.2389** (0.0055)
行业固定效应	I	I	I	I	I	I
年份固定效应	Y	Y	Y	Y	Y	Y
观测值（N）	640	640	640	640	640	640
拟合优度（R^2）	0.9412	0.9603	0.9708	0.9816	0.09935	0.9924

注　***、** 和 * 分别代表 1%、5% 和 10% 的显著性水平，括号中的数字为标准误。

（3）变换被解释变量

本章前文以企业投资额的绝对数作为被解释变量，来分析投资抵免应纳教育专项基金对企业投资能力和投资倾向的影响。在此，本章再以企业投资额的相对数作为被解释变量，即以 2019 年作为基期，以 2020 ～ 2022 年的投资增长率作为被解释变量。此外，为了进一步检验抵免教育专项基金对中介变量的影响效应，本章将企业投资能力增长率、融资约束下降率及投资倾向增长率作为被解释变量。通过比较分析可得出：变换被解释变量的检验结果（表 6–10）与表 6–2的回归结果趋于一致，变换被解释变量的检验结果（表 6–11）与表 6–3 的回归结果趋于一致，即证实了研究结论的稳健性。

表6-10 项目建设期抵免教育专项基金的实施效应：变换被解释变量

解释变量 与控制变量	基准回归结果		中介效应检验结果			
被解释变量	（1） 投资增长率（$Igr_{i,t}$）		（2） 企业的平均 销售毛利率 （$ASGM_{i,t}$）	（3） 投资能力 增长率 （$ICgr_{i,t}$）	（4） 融资约束 下降率 （$FCIrr_{i,t}$）	（5） 投资增长率 （$Igr_{i,t}$）
	未引入抵免 教育专项基金 （$SFECA_{i,t}$）	引入抵免 教育专项基金 （$SFECA_{i,t}$）				
财政贴息（$FD_{i,t}$）	36.8697*** （0.0051）	33.2133*** （0.0052）	—	5.9495** （0.0058）	−0.1896** （0.0053）	29.1619** （0.0056）
抵免教育专项基金 （$SFECA_{i,t}$）	—	4.0926** （0.0051）	0.9793** （0.0052）	1.7872** （0.0055）	−0.6781** （0.0054）	4.1349** （0.0056）
销售毛利率（$ASGM_{i,t}$）	—	—	—	—	—	−0.0132*** （0.0057）
投资能力（$IC_{i,t}$）	—	—	—	—	—	0.2814** （0.0052）
融资约束（$FCI_{i,t}$）	—	—	—	—	—	−0.0417** （0.0049）
经营净现金流（$NOCF_{i,t}$）	0.1032** （0.0050）	0.1424** （0.0052）	—	0.8671** （0.0061）	—	0.1345*** （0.0053）
应纳教育专项基金（$ESFP_{i,t}$）	—	4.1341** （0.0047）	—	—	—	3.8137** （0.0050）
新增投资额（$\Delta I_{i,t}$）的30%	—	3.3333** （0.0053）	—	—	—	4.1292*** （0.0048）
"减税降费"政策（$PRTF_{i,t}$）	—	−0.2108** （0.0051）	—	—	—	−0.0696*** （0.0051）
行业固定效应	I	I	I	I	I	I
年份固定效应	Y	Y	Y	Y	Y	Y
观测值（N）	440	440	440	440	440	440
拟合优度（R^2）	0.9319	0.9407	0.9593	0.9678	0.9715	0.9912

注 ***、** 和 * 分别代表1%、5%和10%的显著性水平，括号中的数字为标准误。

表6-11　项目运营期抵免教育专项基金的实施效应：变换被解释变量

被解释变量 解释变量 与控制变量	基准回归结果		中介效应检验结果		
	（1） 投资增长率（$Igr_{i,t}$）		（2） 企业主营业务与职业技能培训服务的销售毛利率之差 （$ASGM_{i,t} - VSTSASGM_{i,t}$）	（3） 投资能力增长率 （$ICgr_{i,t}$）	（4） 投资能力增长率 （$IPgr_{i,t}$）	（5） 投资增长率 （$Igr_{i,t}$）
	未引入抵免教育专项基金（$SFECA_{i,t}$）	引入抵免教育专项基金（$SFECA_{i,t}$）				
政府购买服务（$GPS_{i,t}$）	1.6915** （0.0050）	1.0623*** （0.0049）	—	2.4691** （0.0052）	3.1243** （0.0053）	1.7234** （0.0055）
抵免教育专项基金 （$SFECA_{i,t}$）		3.8206*** （0.0051）	1.3641 （0.0052）	1.7697** （0.0054）	3.9695** （0.0050）	3.9268** （0.0054）
企业主营业务与职业技能培训服务的销售毛利率之差 （$ASGM_{i,t} - VSTSASGM_{i,t}$）						−0.3892** （0.0051）
投资能力（$IC_{i,t}$）						0.6179** （0.0049）
投资倾向（$IP_{i,t}$）						0.3813*** （0.0053）
经营净现金流 （$NOCF_{i,t}$）	0.1893** （0.0048）	0.3245** （0.0052）		0.9764** （0.0051）		0.3568*** （0.0054）
应纳教育专项基金 （$ESFP_{i,t}$）		4.0709** （0.0056）				3.3346** （0.0052）
新增投资额（$\Delta I_{i,t}$）的30%		3.3333** （0.0057）				4.0943*** （0.0053）
"减税降费"政策 （$PRTF_{i,t}$）		−0.1996** （0.0055）				−0.3204** （0.0056）
行业企业平均销售毛利率（$IASGM_{i,t}$）						−0.3457*** （0.0055）
企业经营范围（$SB_{i,t}$）						−0.1701** （0.0050）
行业固定效应	I	I	I	I	I	I
年份固定效应	Y	Y	Y	Y	Y	Y
观测值（N）	470	470	470	470	470	470
拟合优度（R^2）	0.9398	0.9427	0.9692	0.9793	0.9856	0.9901

注　***、** 和 * 分别代表1%、5%和10%的显著性水平，括号中的数字为标准误。

6.3.4　机制识别

为了去除企业投资额与抵免教育专项基金所取计量单位的差别化影响，本书对模型（6–1）～模型（6–10）进行了标准化回归：将原始数据减去变量的均值后，再除以变量的标准差，计算得出的回归方程为标准化回归方程，所得回归系数为标准化回归系数。标准化回归系数直接反映了抵免教育专项基金政策对企业投资额的影响程度。另外，为了获得最佳拟合线，此处采用三阶段最小二乘法进行参数估计。

（1）抵免教育专项基金对项目建设期投资的影响及作用机制

在项目建设期，通过对比分析引入抵免教育专项基金前后的标准化回归结果（表6–12），可得出抵免教育专项基金与财政贴息的相互作用能够产生"合力"效应。一方面，抵免教育专项基金政策的实施能够降低企业的税费负担，并使得企业投资能力提升了1.7863倍；另一方面，抵免教育专项基金政策的实施能够补偿企业垫付资本金的机会成本，并使得企业融资约束降低了0.6795倍，进而提升企业总体投资能力，即基于标准化回归支持了研究假设6–1。基于此，抵免教育专项基金对企业投资存在"抵免教育专项基金→企业参与校企合作项目建设期投资"与"抵免教育专项基金→提升企业投资能力、改善企业融资约束→企业参与校企合作项目建设期投资"的效应传导路径、作用机制及影响因素。在此基础上，还需进一步分析抵免教育专项基金对项目建设期投资影响的直接效应、间接效应和总效应。根据表6–13的计算结果，抵免教育专项基金对企业参与校企合作项目建设期投资影响的直接效应值为4.1312，间接效应值为0.5272，总效应值为4.6584。间接效应值小于1，说明抵免教育专项基金政策的实施仍存在局限性，即企业当期没有足够的应纳教育专项基金用于政策抵免，从而，基于标准化回归支持了研究假设6–2。

表6–12 项目建设期抵免教育专项基金实施效应的标准化回归结果

被解释变量 解释变量 与控制变量	基准回归结果		中介效应检验结果			
	（1）企业投资额（$I_{i,t}$）		（2）企业的平均销售毛利率（$ASGM_{i,t}$）	（3）企业的投资能力（$IC_{i,t}$）	（4）企业的融资约束（$FCI_{i,t}$）	（5）企业投资额（$I_{i,t}$）
	未引入抵免教育专项基金（$SFECA_{i,t}$）	引入抵免教育专项基金（$SFECA_{i,t}$）				
财政贴息（$FD_{i,t}$）	36.8716*** （0.0052）	33.2145*** （0.0051）	—	5.9472** （0.0061）	-0.1907** （0.0052）	29.1603** （0.0055）
抵免教育专项基金（$SFECA_{i,t}$）	—	4.1308** （0.0049）	0.9854** （0.0053）	1.7863** （0.0057）	-0.6795** （0.0056）	4.1312** （0.0052）
销售毛利率（$ASGM_{i,t}$）	—	—	—	—	—	-0.0129*** （0.0059）
投资能力（$IC_{i,t}$）	—	—	—	—	—	0.2791** （0.0051）
融资约束（$FCI_{i,t}$）	—	—	—	—	—	-0.0423** （0.0048）
经营净现金流（$NOCF_{i,t}$）	0.1023** （0.0051）	0.1407** （0.0053）	—	0.8653** （0.0063）	—	0.1316** （0.0055）
应纳教育专项基金（$ESFP_{i,t}$）	—	4.1313** （0.0049）	—	—	—	3.8128** （0.0051）
新增投资额（$\Delta I_{i,t}$）的30%	—	3.3333** （0.0055）	—	—	—	4.1242** （0.0049）
"减税降费"政策（$PRTF_{i,t}$）	—	-0.1927** （0.0054）	—	—	—	-0.0719*** （0.0057）
行业固定效应	I	I	I	I	I	I
年份固定效应	Y	Y	Y	Y	Y	Y
观测值（N）	500	500	500	500	500	500
拟合优度（R^2）	0.9243	0.9359	0.9512	0.9693	0.9657	0.9907

注 ***、** 和 * 分别代表1%、5%和10%的显著性水平，括号中的数字为标准误。

表 6–13　项目建设期抵免教育专项基金的作用机制及效应测算

项目	作用机制	效应测算	测算结果	总效应
直接效应	抵免教育专项基金→企业参与校企合作项目建设期投资	β_2	4.1312	4.6584
间接效应	抵免教育专项基金→提升企业投资能力、改善企业融资约束→企业参与校企合作项目建设期投资	$\beta_4\times\beta_6+\beta_5\times\beta_7$	0.5272	

（2）抵免教育专项基金对项目运营期投资的影响及作用机制

在项目运营期，通过对比分析引入抵免教育专项基金前后的标准化回归结果（表 6–14），可得出抵免教育专项基金能够影响企业投资能力和投资倾向，并促进政府购买服务的实施效应。抵免教育专项基金能够降低企业主营业务和职业技能培训服务的税费负担，使企业投资能力提升了 1.7672 倍。同时，抵免教育专项基金能够使企业提供职业技能培训服务的销售毛利率达到 30% 以上，即企业投资职业技能培训服务的机会成本得到补偿，从而促进企业投资倾向改善了 3.9663 倍。基于此，表 6–6 中的标准化回归结果进一步支持了研究假设 6–1。事实上，抵免教育专项基金对企业投资存在"抵免教育专项基金→企业参与校企合作项目运营期投资"与"抵免教育专项基金→提升企业投资能力、改善企业投资倾向→企业参与校企合作项目运营期投资"的效应传导路径、作用机制及影响因素。在此基础上，还需进一步分析抵免教育专项基金对项目运营期投资影响的直接效应、间接效应和总效应。根据表 6–15 的计算结果，抵免教育专项基金对企业参与校企合作项目运营期投资影响的直接效应值为 3.9247，间接效应值为 2.5951，总效应值为 6.5198。间接效应值大于 1，说明相比项目建设期投资，抵免教育专项基金对项目运营期投资影响更为显著。尽管如此，间接效应值仍低于直接效应值，说明企业在项目运营期仍没有足够的应纳教育专项基金用于政策抵免，从而，基于标准化回归支持了研究假设 6–2。

表 6-14　项目运营期抵免教育专项基金实施效应的标准化回归结果

被解释变量 / 解释变量与控制变量	基准回归结果		中介效应检验结果			
	（1）企业投资额（$I_{i,t}$）		（2）企业主营业务与职业技能培训服务的销售毛利率之差（$ASGM_{i,t} - VSTSASGM_{i,t}$）	（3）企业的投资能力（$IC_{i,t}$）	（4）企业的投资倾向（$IP_{i,t}$）	（5）企业投资额（$I_{i,t}$）
	未引入抵免教育专项基金（$SFECA_{i,t}$）	引入抵免教育专项基金（$SFECA_{i,t}$）				
政府购买服务（$GPS_{i,t}$）	1.6907** (0.0051)	1.0618*** (0.0049)	—	2.4673** (0.0051)	3.1236** (0.0050)	1.7225** (0.0051)
抵免教育专项基金（$SFECA_{i,t}$）	—	3.8157*** (0.0050)	1.3626 (0.0051)	1.7672** (0.0053)	3.9663** (0.0049)	3.9247** (0.0052)
企业主营业务与职业技能培训服务的销售毛利率之差（$ASGM_{i,t} - VSTSASGM_{i,t}$）	—	—	—	—	—	−0.3814** (0.0053)
投资能力（$IC_{i,t}$）	—	—	—	—	—	0.6165** (0.0050)
投资倾向（$IP_{i,t}$）	—	—	—	—	—	0.3796*** (0.0051)
经营净现金流（$NOCF_{i,t}$）	0.1887** (0.0050)	0.3226** (0.0051)	—	0.9712** (0.0049)	—	0.3518*** (0.0052)
应纳教育专项基金（$ESFP_{i,t}$）	—	3.8571** (0.0049)	—	—	—	3.5421** (0.0053)
新增投资额（$\Delta I_{i,t}$）的30%	—	3.3333** (0.0052)	—	—	—	4.0928*** (0.0051)
"减税降费"政策（$PRTF_{i,t}$）	—	−0.2638** (0.0053)	—	—	—	−0.3163** (0.0055)
行业企业平均销售毛利率（$IASGM_{i,t}$）	—	—	—	—	—	−0.3482*** (0.0058)
企业经营范围（$SB_{i,t}$）	—	—	—	—	—	−0.1695** (0.0051)
行业固定效应	I	I	I	I	I	I
年份固定效应	Y	Y	Y	Y	Y	Y
观测值（N）	500	500	500	500	500	500
拟合优度（R^2）	0.9315	0.9379	0.9616	0.9798	0.9814	0.9895

注　***、** 和 * 分别代表 1%、5% 和 10% 的显著性水平，括号中的数字为标准误。

表 6-15　项目运营期抵免教育专项基金的作用机制及效应测算

项目	作用机制	效应测算	测算结果	总效应
直接效应	抵免教育专项基金→企业参与校企合作项目运营期投资	β_2	3.9247	6.5198
间接效应	抵免教育专项基金→提升企业投资能力、改善企业投资倾向→企业参与校企合作项目运营期投资	$\beta_4 \times \beta_6 + \beta_5 \times \beta_7$	2.5951	

6.4 抵免教育专项基金实施效应的异质性影响检验

抵免教育专项基金对企业参与校企合作投资机会成本的影响往往具有不确定性，这是因为不同地区、不同行业、不同经营状况的企业有着不同的应纳教育专项基金，即该政策实施存在显著的异质性影响。从整体上看，异质性影响的存在将会削弱教育专项基金政策的实施效应。基于地方教育专项基金收入、行业发展水平与销售毛利率及企业经营范围与营业收入的异质性，下文分别探讨抵免教育专项基金对不同地区、不同行业、不同经营状况企业参与校企合作投资的异质性影响，验证研究假设6-3。

6.4.1 异质性影响检验：基于地方教育专项基金收入

如本章前文所述，抵免教育专项基金的实施效应与地方教育专项基金收入呈高度正相关。在此，借鉴黄沁（2019）的研究，根据2019～2022年国家统计年鉴数据，按照不同省份教育专项基金收入的情况，本书将全国划分一类地区、二类地区、三类地区及四类地区。在此，一类地区是指地方教育专项基金收入占比全国数超过5%的省区，具体包括北京、上海、江苏、浙江、福建及广东，其中，广东省地方教育专项基金收入占比全国数高达12.59%。二类地区是指地方教育专项基金收入占比全国数位于3%（不含3%）～5%（含5%）的省区，具体包括天津、河北、安徽、湖北、湖南及四川。三类地区是指地方教育专项基金收入占比全国数位于1%（不含1%）～3%（含3%）的省区，具体包括河南、山西、内蒙古、辽宁、吉林、黑龙江、山东、江西、广西、海南、重庆、贵州、云南、陕西及新疆。四类地区是指地方教育专项基金收入占比全国数低于1%的省区，具体包括西藏、青海、甘肃及宁夏，其中，西藏自治区地方教育专项基金收入占比全国数仅为0.24%。

表6-16报告了抵免教育专项基金对一类地区、二类地区、三类地区及四类地区企业参与校企合作项目建设期和运营期投资机会成本影响的回归结果。显然，抵免教育专项基金对不同地区企业投资会产生异质性影响。抵免教育专项基金对一类地区企业参与校企合作项目建设期和运营期投资的影响系数分别为5.2197、4.7181，是二类地区企业投资的1.17、1.11倍，是三类地区企业投资的1.49、1.39倍，是四类地区企业投资的1.57、1.42倍。究其原因，一类地区经济发达，企业有足够的应纳教育专项基金用于政策抵免，企业投资越多，享受的抵免教育专项基金就越多。与之相反，四类地区经济落后，企业营业收入低、流转税税额少，没有足够的应纳教育专项基金用于政策抵免，即政策预期效果欠佳。因此，表6-16的回归结果基于地区异质性视角，验证了研究假设6-3：抵免教育专项基金对企业参与校企合作投资的影响会受地区经济发展水平的制约而具有异质性。

表 6-16 抵免教育专项基金对不同地区企业投资影响的回归结果

被解释变量 解释变量及 控制变量	（1） 一类地区企业投资额 （$I_{i,t}$）		（2） 二类地区企业投资额 （$I_{i,t}$）		（3） 三类地区企业投资额 （$I_{i,t}$）		（4） 四类地区企业投资额 （$I_{i,t}$）	
	项目 建设期	项目 运营期	项目 建设期	项目 运营期	项目 建设期	项目 运营期	项目 建设期	项目 运营期
财政贴息（$FD_{i,t}$）	36.3429** （0.0051）		29.3856** （0.0053）		27.7524** （0.0052）		23.1603** （0.0050）	
政府购买服务（$GPS_{i,t}$）	—	2.2367** （0.0051）		1.9348** （0.0052）		1.5732** （0.0054）		1.1453** （0.0055）
抵免教育专项基金（$SFECA_{i,t}$）	5.2197** （0.0052）	4.7181** （0.0052）	4.4645** （0.0053）	4.2496** （0.0055）	3.5112** （0.0051）	3.4013** （0.0050）	3.3312** （0.0054）	3.3298** （0.0055）
企业的平均销售毛利率 （$ASGM_{i,t}$）	−0.0174** （0.0059）		−0.0153** （0.0057）		−0.0103** （0.0055）		−0.0086** （0.0053）	
企业主营业务与职业技能培训 服务的销售毛利率之差 （$ASGM_{i,t} − VSTSASGM_{i,t}$）		−0.6743** （0.0053）		−0.4602** （0.0051）		−0.2315** （0.0050）		−0.1596** （0.0052）
投资能力（$IC_{i,t}$）	0.5942** （0.0051）	1.0606** （0.0050）	0.2906** （0.0053）	0.6319** （0.0055）	0.1592** （0.0052）	0.4878** （0.0053）	0.0724** （0.0054）	0.2857** （0.0056）
融资约束（$FCI_{i,t}$）	−0.0011** （0.0048）		−0.0315** （0.0049）		−0.0619** （0.0051）		−0.0747** （0.0052）	
投资倾向（$IP_{i,t}$）		0.7062*** （0.0051）		0.3205*** （0.0053）		0.2764*** （0.0055）		0.2153*** （0.0054）
经营净现金流 （$NOCF_{i,t}$）	0.1913*** （0.0055）	0.3518*** （0.0052）	0.1642*** （0.0053）	0.2796*** （0.0055）	0.1025*** （0.0051）	0.2263*** （0.0053）	0.0684*** （0.0049）	0.1901*** （0.0050）
应纳教育专项基金（$ESFP_{i,t}$）	4.5745** （0.0051）	3.8808** （0.0053）	3.9806** （0.0052）	3.6163** （0.0051）	3.3498** （0.0053）	3.3412** （0.0055）	3.3463** （0.0053）	3.3301** （0.0055）
新增投资额（$\Delta I_{i,t}$）的 30%	4.3743*** （0.0049）	4.2418*** （0.0051）	4.1712*** （0.0047）	4.1663*** （0.0050）	4.0896*** （0.0052）	3.9898*** （0.0053）	3.8617*** （0.0054）	3.8389*** （0.0056）
行业固定效应	I	I	I	I	I	I	I	I
年份固定效应	Y	Y	Y	Y	Y	Y	Y	Y
观测值（N）	360	360	360	360	360	360	360	360
拟合优度（R^2）	0.9956	0.98912	0.9898	0.9867	0.9743	0.9789	0.9695	0.9724

注 ***、** 和 * 分别代表 1%、5% 和 10% 的显著性水平，括号中的数字为标准误。

　　由于数据缺失，此处剔除四川、甘肃、宁夏、新疆、青海及西藏地区数据。

　　如本章前文所述，30% 的投资抵免率未必能够补偿所有企业参与校企合作投资的机会成本，行业主营业务的平均销售毛利率（IASGM）可用于衡量不同企业参与校企合作投资的机会成本。根据 2019～2022 年国家统计年鉴数据❶，可得出行业企业的平均销售毛利率（IASGM）位于 5%～60% 之间。在此，借鉴邱静（2022）的研究，将行业划分为低水平（5% < IASGM ≤ 15%，企业占比约为 20%）、中等水平（15% < IASGM ≤ 30%，企业占比约为 70%）以及高水平（IASGM > 30%，企业占比约为 10%）。

---

❶ 除采矿业、石油天然气开采业、烟草制品业、酒饮料精制茶制造业、医药制造业、旅游餐饮业、金融业等少数行业外，大多数行业企业的总体销售毛利率水平均处于 30% 以内。

6.4.2 异质性影响检验：基于行业发展水平与销售毛利率

表 6–17 分别报告了抵免教育专项基金对不同行业企业参与校企合作项目建设期和运营期投资机会成本影响的回归结果，显而易见，当行业企业的平均销售毛利率位于中等水平（15% < IASGM ≤ 30%）时，抵免教育专项基金对项目建设期和运营期投资影响最为显著，其影响系数分别为 6.9391 和 7.1523。究其原因，当行业企业的平均销售毛利率处于低水平时，企业投资能力会受限；反之，当行业企业平均销售毛利率处于高水平时，企业投资的机会成本会升高，进而挤压企业投资倾向。根据表 6–17 中的第（3）列，对于平均销售毛利率大于 30% 的行业企业，抵免教育专项基金政策对企业投资能力的影响系数为 0.8192，抵免教育专项基金政策对企业投资倾向的影响系数为 0.1685，即该政策会产生非对称的影响。因此，表 6–17 的回归结果基于行业异质性视角，验证了研究假设 6–3：抵免教育专项基金对企业参与校企合作投资的影响会受行业发展水平的制约而具有异质性。

表 6–17 抵免应纳教育专项基金对不同行业企业投资影响的回归结果

解释变量及控制变量 ＼ 被解释变量	（1）行业企业平均销售毛利率（5% < ASGM ≤ 15%$I_{i,t}$）		（2）行业企业平均销售毛利率（15% < ASGM ≤ 30%$I_{i,t}$）		（3）行业企业平均销售毛利率（ASGM > 30%$I_{i,t}$）	
	项目建设期	项目运营期	项目建设期	项目运营期	项目建设期	项目运营期
财政贴息（$FD_{i,t}$）	25.7863** (0.0046)	—	42.8124** (0.0041)	—	31.0415** (0.0043)	—
政府购买服务（$GPS_{i,t}$）	—	0.9637** (0.0055)	—	1.7318** (0.0052)	—	1.2645** (0.0053)
抵免教育专项基金（$SFECA_{i,t}$）	3.1546** (0.0048)	3.9478** (0.0056)	6.9391** (0.0046)	7.1523** (0.0054)	4.9884** (0.0047)	6.1246** (0.0058)
行业主营业务的平均销售毛利率（$IASGM_{i,t}$）	−0.0001*** (0.0059)		−0.0108*** (0.0053)		−0.0313*** (0.0051)	
行业主营业务与职业技能培训服务的销售毛利率之差（$IASGM_{i,t} − VSTSASGM_{i,t}$）	—	−0.0503** (0.0050)	—	−0.3217** (0.0051)	—	−0.6186** (0.0052)
投资能力（$IC_{i,t}$）	0.0645** (0.0053)	0.2146** (0.0055)	0.2795** (0.0051)	0.6818** (0.0053)	0.5386** (0.0053)	0.8192** (0.0055)
融资约束（$FCI_{i,t}$）	−0.1296** (0.0049)		−0.0571** (0.0051)		−0.0105** (0.0053)	
投资倾向（$IP_{i,t}$）	—	0.5886*** (0.0055)	—	0.3913*** (0.0052)	—	0.1685*** (0.0053)
经营净现金流（$NOCF_{i,t}$）	0.0432*** (0.0049)	0.0995*** (0.0051)	0.1353*** (0.0047)	0.3569*** (0.0053)	0.3684*** (0.0050)	0.4586*** (0.0055)
应纳教育专项基金（$ESFP_{i,t}$）	0.1972** (0.0048)	0.2896** (0.0050)	0.8172** (0.0051)	0.8395** (0.0054)	1.9698** (0.0053)	3.1273** (0.0055)
新增投资额（$\Delta I_{i,t}$）的 30%	0.0452*** (0.0051)	0.0368*** (0.0053)	0.1286*** (0.0053)	0.1123*** (0.0054)	0.0892*** (0.0052)	0.0684*** (0.0054)
行业固定效应	I	I	I	I	I	I
年份固定效应	Y	Y	Y	Y	Y	Y
观测值（N）	470	470	470	470	470	470
拟合优度（R^2）	0.9615	0.9672	0.9736	0.9784	0.9793	0.983

注 ***、** 和 * 分别代表 1%、5% 和 10% 的显著性水平，括号中的数字为标准误。

6.4.3 异质性影响检验：基于企业经营范围与营业收入

教育专项基金主要来源于企业缴纳的教育费附加和地方教育附加，而教育费附加和地方教育附加的计征基数是企业实际缴纳的增值税和消费税，因此，企业经营范围与营业收入是影响抵免教育专项基金政策实施效果的重要因素。根据2019～2022年全国31个省份已认定的产教融合型企业目录，投资方企业大多为增值税一般纳税人企业，企业适用的增值税税率包括13%、9%、6%及0，此外，部分企业经营范围还涉及消费税的税目。显而易见，抵免教育专项基金政策对适用13%增值税税率且涉及消费税的企业最为有利，因为教育专项基金的计征基数最大，所以企业就有足够多的应纳教育专项基金用于政策抵免。抵免教育专项基金政策对适用9%增值税税率的企业较为有利，因为教育专项基金的计征基数较大，所以企业就有较多的应纳教育专项基金用于政策抵免。抵免教育专项基金政策对适用6%增值税税率的企业较为不利，因为教育专项基金的计征基数较小，所以企业就可能没有足够的应纳教育专项基金用于政策抵免。抵免教育专项基金政策对适用0增值税税率且不涉及消费税的企业最为不利，因为教育专项基金的计征基数为0，所以企业没有应纳教育专项基金用于政策抵免。基于此，酿酒加工企业、汽车制造企业、成品油加工企业、电池制造企业及涂料制造企业属于政策最为有利的企业（适用13%增值税税率且涉及消费税）；农产品加工企业、燃气和供热企业、农药和化肥制造企业、房地产企业、建筑企业、交通运输企业、电信服务企业属于政策较为有利的企业（适用9%增值税税率）；现代服务业企业属于政策较为不利的企业（适用6%增值税税率）；出口加工企业、关围区保税或免税企业属于政策最为不利的企业（适用0增值税税率且不涉及消费税）。

表6-18报告了抵免教育专项基金对不同经营状况企业参与校企合作项目建设期和运营期投资机会成本影响的回归结果，政策最为有利的企业（适用13%增值税税率且涉及消费税）预期反应敏感，抵免教育专项基金对项目建设期和运营期投资的影响系数分别为6.1026、4.9897；政策较为有利的企业（适用9%增值税税率）预期反应良好，抵免教育专项基金对项目建设期和运营期投资的影响系数分别为4.8678、4.3105；政策较为不利的企业（适用6%增值税税率）预期反应欠佳，抵免教育专项基金对项目建设期和运营期投资的影响系数分别为3.5323、3.4601；政策最为不利的企业（适用0增值税税率且不涉及消费税）预期反应迟钝，抵免教育专项基金对项目建设期和运营期投资的影响系数仅分别为3.3302、3.3298。究其原因，政策有利的企业拥有足够的应纳教育专项基金用于抵免，其投资的机会成本已得到充分补偿，投资额的30%部分迅速转化为再投资；与之相反，政策不利的企业参与校企合作投资无法在实质上享受抵免，因为

企业根本就没有足够的应纳教育专项基金，投资的机会成本也就无法得到有效补偿。因此，表6-18的回归结果基于经营状况异质性视角，验证了研究假设6-3：抵免教育专项基金对企业参与校企合作投资的影响会受企业经营状况的制约而具有异质性。

表6-18　抵免教育专项基金对不同经营状况企业投资影响的回归结果

被解释变量 解释变量及控制变量	(1) 政策最为有利的企业投资额 ($I_{i,t}$)		(2) 政策较为有利的企业投资额 ($I_{i,t}$)		(3) 政策较为不利的企业投资额 ($I_{i,t}$)		(4) 政策最为不利的企业投资额 ($I_{i,t}$)	
	项目建设期	项目运营期	项目建设期	项目运营期	项目建设期	项目运营期	项目建设期	项目运营期
财政贴息（$FD_{i,t}$）	37.6071** (0.0051)	—	31.0798** (0.0053)	—	26.9716** (0.0050)	—	23.1585** (0.0052)	—
政府购买服务（$GPS_{i,t}$）	—	2.2298** (0.0052)	—	1.9172** (0.0054)	—	1.6097** (0.0051)	—	1.0186** (0.0053)
抵免教育专项基金（$SFECA_{i,t}$）	6.1026** (0.0053)	4.9897** (0.0052)	4.8678** (0.0051)	4.3105** (0.0055)	3.5323** (0.0049)	3.4601** (0.0051)	3.3302** (0.0054)	3.3298** (0.0055)
企业的平均销售毛利率（$ASGM_{i,t}$）	−0.0113** (0.0056)	—	−0.0906** (0.0053)	—	−0.1824** (0.0052)	—	−0.3695** (0.0054)	—
企业主营业务与职业技能培训服务的销售毛利率之差 ($ASGM_{i,t} - VSTSASGM_{i,t}$)	—	−0.0725** (0.0051)	—	−0.4346** (0.0053)	—	−0.6758** (0.0052)	—	−0.8692** (0.0054)
企业投资能力（$IC_{i,t}$）	0.6345** (0.0050)	1.0606** (0.0052)	0.4163** (0.0051)	0.7632** (0.0053)	0.3154** (0.0054)	0.4896** (0.0055)	0.0724** (0.0055)	0.1369** (0.0056)
企业融资约束（$FCI_{i,t}$）	−0.0114** (0.0047)	—	−0.0386** (0.0049)	—	−0.0497** (0.0051)	—	−0.0368** (0.0052)	—
企业投资倾向（$IP_{i,t}$）	—	0.8195*** (0.0050)	—	0.6572*** (0.0052)	—	0.3383*** (0.0053)	—	0.1976*** (0.0055)
经营净现金流（$NOCF_{i,t}$）	0.1913*** (0.0055)	0.3518*** (0.0052)	0.1642*** (0.0053)	0.2796*** (0.0055)	0.1025*** (0.0051)	0.2263*** (0.0053)	0.0684*** (0.0049)	0.1901*** (0.0050)
应纳教育专项基金（$ESFP_{i,t}$）	7.0256** (0.0051)	6.0815** (0.0053)	5.9806** (0.0052)	4.6163** (0.0050)	3.6907** (0.0054)	3.3412** (0.0056)	3.3329** (0.0052)	3.3303** (0.0054)
新增投资额（$\Delta I_{i,t}$）的30%	3.3743*** (0.0051)	3.2418*** (0.0053)	3.9812*** (0.0052)	3.4695*** (0.0054)	4.2364*** (0.0055)	4.1876*** (0.0050)	5.9231*** (0.0056)	5.6397*** (0.0058)
行业固定效应	I	I	I	I	I	I	I	I
年份固定效应	Y	Y	Y	Y	Y	Y	Y	Y
观测值（N）	760	760	760	760	760	760	760	760
拟合优度（R^2）	0.9615	0.9712	0.9698	0.9723	0.9784	0.9831	0.9853	0.9907

注　***、** 和 * 分别代表1%、5% 和10% 的显著性水平，括号中的数字为标准误。

6.5　本章小结

本章以2019～2022年省级数据为研究样本，通过构建企业参与校企合作投

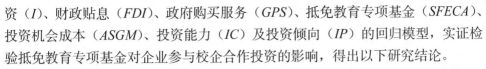

资（I）、财政贴息（FDI）、政府购买服务（GPS）、抵免教育专项基金（$SFECA$）、投资机会成本（$ASGM$）、投资能力（IC）及投资倾向（IP）的回归模型，实证检验抵免教育专项基金对企业参与校企合作投资的影响，得出以下研究结论。

①抵免教育专项基金能够对财政贴息和政府购买服务产生正向影响效应，从而进一步促进企业参与校企合作项目建设期和运营期投资。在基准回归模型中，引入抵免教育专项基金变量后，财政贴息和政府购买服务对企业投资影响的回归系数明显下降，说明抵免教育专项基金能够提升财政贴息和政府购买服务的实施效应。

②抵免教育专项基金的实施受企业当期应纳教育专项基金的影响。中介效应检验结果表明，抵免教育专项基金对企业投资能力的影响系数较小，这说明企业当期没有足够的应纳教育专项基金用于政策抵免。

③抵免教育专项基金对企业参与校企合作投资具有异质性影响。从不同地区企业来看，抵免教育专项基金的实施对地区经济发展水平较高的企业影响最为显著；从不同行业企业来看，抵免教育专项基金的实施对平均销售毛利率位于中等水平（$15\% < IASGM \leqslant 30\%$）的企业影响最为显著；从不同经营状况来看，抵免教育专项基金的实施对应纳增值税或消费税较多的企业影响最为显著。

7　研究结论及政策建议

本书以财政支持政策对企业参与校企合作投资的影响为论题，基于财政支持政策与企业参与校企合作投资办学的现状，系统梳理了财政贴息、政府购买服务及抵免教育专项基金的实施现状及存在的问题。通过理论分析提出问题的研究假设，运用实证回归模型检验得出了相关的研究结论，进而为我国财政贴息、政府购买服务、教育专项基金政策的精准制定和有效实施提供参考建议。本书所提供的财政支持政策建议能够顺应党的"二十大"精神和《关于深化现代职业教育体系建设改革的意见》，探索地方政府和社会力量支持职业教育发展投入的新机制，吸引社会资本、产业资金投入。

7.1　研究结论

职业教育发展离不开高水平、专业化的产教融合实训基地项目，从项目建设期到项目运营期，企业参与校企合作投资能够为实训基地提供生产服务场景、工艺流程及最新前沿技术。基于此，产教融合实训基地项目需要按照校企共建、协同育人、互利共赢的原则进行建设、管理和运营。本书以校企合作利益冲突、正外部性问题为研究的切入点，运用理论分析和实证检验的研究方法探讨了财政支持政策与企业参与校企合作投资的逻辑关系，为财政贴息、政府购买服务及抵免教育专项基金的政策制定和有效实施提供一定的参考依据。本书研究得出以下三方面的主要结论：

（1）贴息比例、贴息方式、贴息参考利率及贴息支付期的合理选择能够提高财政贴息的实施效应

①贴息比例的高低往往与地方财力成正比，财政贴息的实施效应存在显著的地区异质性。一类地区（北京、上海、江苏、浙江、广东）财力富余能够给予企业较高的贴息比例，贴息比例越高就越容易取得银行信贷支持，进而改善企业融资约束并提升企业的投资能力。比较而言，二类地区（天津、河北、山东、安徽、福建、湖北、湖南、四川）财力持平，三类地区（河南、山西、内蒙古、辽

宁、吉林、黑龙江、江西、广西、海南、重庆、贵州、云南、陕西、新疆)财力不足,四类地区(西藏、青海、甘肃及宁夏)财力匮乏,因此财政贴息支持力度就相对较小。

②贴息方式的合理选择能够提高财政贴息的实施效应。对于存在融资配给不足的成长期企业,暗补方式有利于缩小财政贴息对成长期企业投资的异质性影响,原因是暗补方式下财政贴息直接划拨给贷款银行,有助于改善企业融资约束。对于融资配给充足的成熟期企业,明补方式更有利于缩小财政贴息对成熟期企业投资的异质性影响,原因是明补方式财政贴息直接划拨给企业,进而迅速提升企业投资能力。

③贴息参考利率的合理选择能够提高财政贴息的实施效应。通过计算与比较分析参考贷款合同利率贴息与参考贷款基准利率贴息,得出参考贷款合同利率贴息对企业投资的异质性影响较大,参考贷款基准利率贴息对企业投资的异质性影响较小,因此,贴息参考利率的选择至关重要。究其原因,对任何企业而言,贷款基准利率具有同质性(全国银行间同业拆放中心发布官方数据),贷款合同利率具有异质性(商业银行结合企业资信等级来制定差别化的贷款合同利率)。

④贴息支付期的合理选择能够提高财政贴息的实施效应。通过比较分析财政贴息对企业投资的异质性影响,可得出相比到期一次性贴息,分期分次贴息更有利于企业投资。究其原因,企业参与项目建设期投资需要完成各类耗资巨大的固定资产投资,到期一次性贴息往往要占用企业的流动资金,进而影响产教融合实训基地项目的实施进度。尤其对中小企业而言,到期一次性贴息会加剧现金流收支不匹配的矛盾。因此,资金周转困难将导致产教融合实训基地项目无法实施。

(2)购买定价、购买方式及购买组织形式的合理选择能够提高政府购买服务的实施效应

①购买定价既要参考行业企业的最低保本价格,又不能脱离财政预算拨款约束。在财政预算拨款约束下,公办高职院校往往要结合各个专业的在校生数量来分配有限的购买服务预算资金,进而确定招标最高限价和购买服务数量。如果政府购买数量能够超过企业的预期保本销量,企业就会持续增加各类要素投资,即企业处于盈利区;否则,企业处于亏损区,就缺乏持续增加投资的动力。

②购买方式的合理选择能够提高政府购买服务的实施效应。根据政府购买服务对企业参与校企合作项目运营期投资影响的基准回归结果,可得出公开招标方式更有利于促进企业参与校企合作项目运营期投资。在公开招标购买服务方式

下，政府购买服务对企业投资的影响系数为 1.6897，而竞争性磋商、邀请招标及单一来源购买服务方式下政府购买服务对企业投资的影响系数分别为 1.1384、0.7165 及 0.5376。

③购买组织形式的合理选择能够提高政府购买服务的实施效应。根据政府购买服务对不同地区企业投资的异质性影响检验结果，可得出相比分散购买组织形式，联合集中购买组织形式下政府购买服务对不同地区企业投资的异质性影响较小。根据政府购买服务对不同行业企业投资的异质性影响检验结果，可得出相比分散购买组织形式，联合集中购买组织形式对行业利润率水平高的企业参与项目运营期投资的促进效应更大。根据政府购买服务对不同经营状况企业投资的异质性影响检验结果，可得出相比分散购买组织形式，联合集中购买组织形式对主营业务利润率高的企业参与项目运营期投资的促进效应更大。

（3）30% 的投资抵免率和投资抵免方式存在一定的局限性和相对不足

① 30% 的投资抵免率存在一定的局限性和相对不足。根据抵免教育专项基金对不同行业企业投资的异质性影响检验结果，可得出抵免教育专项基金的实施对平均销售毛利率位于中等水平（$15\% < IASGM \leq 30\%$）的企业影响最为显著。究其原因，当行业企业的平均销售毛利率处于低水平时，企业投资能力将会受限；反之，当行业企业平均销售毛利率处于高水平时，企业投资的机会成本会升高，进而挤压企业投资倾向。不同行业有不同的主营业务，不同的主营业务有不同的销售毛利率，而主营业务的销售毛利率往往被企业视为参与校企合作投资的机会成本，因此，行业企业的平均销售毛利率是影响抵免教育专项基金政策实施效应的关键性因素。若企业所处的行业平均销售毛利率大于 30%，企业就无法在实质上享受政策优惠。

②投资抵免方式存在一定的局限性和相对不足。抵免教育专项基金的政策实施效应取决于企业是否有足够的应纳教育专项基金（应纳教育费附加和地方教育附加）用于抵免，这种抵免方式带来的利益可能无法惠及所有企业。根据抵免教育专项基金对不同地区企业投资的异质性影响检验结果，可得出抵免教育专项基金的实施不利于经济落后地区的企业参与校企合作投资。根据抵免教育专项基金对不同经营状况企业投资的异质性影响检验结果，可得出抵免教育专项基金的实施有利于酿酒加工企业、汽车制造企业、成品油加工企业、电池制造企业及涂料制造企业（适用 13% 的增值税税率且涉及消费税），这类企业有高额的应纳增值税和消费税，由此企业就有足够的应纳教育专项基金用于政策抵免；抵免教育专项基金的实施不利于出口加工企业、关围区保税或免税企业，这类企业没有应纳增值税和消费税，由此企业就没有应纳教育专项基金用于政策抵免。

7.2 政策建议

基于第 3 章企业参与校企合作投资的财政支持政策：实施状况与主要问题，以及第 4 章～第 6 章不同财政支持政策对企业参与校企合作投资影响的理论分析、研究假设与实证研究结论，为财政贴息、政府购买服务及教育专项基金政策的制定和实施提供参考建议。

7.2.1 完善财政贴息政策以引导企业参与校企合作项目建设期投资

根据第 3 章企业参与校企合作项目建设期投资的财政贴息现状和问题，以及第 4 章财政贴息对企业投资影响的实证研究结论，完善财政贴息政策应将着力点放在以下五个方面。

（1）构建不同地区财政贴息均衡的中央财政补助机制

第 4 章财政贴息对不同地区企业参与校企合作项目建设期投资的异质性影响检验结论表明，财政贴息的实施效应与地区财力呈高度正相关，地区财力是影响财政贴息实施效应的关键因素。为了进一步平衡地区财力差异对企业参与校企合作投资的不利影响，中央财政在分配补助资金时，应充分考虑各地区财力水平与全国平均水平之间的差异，以及各地区财政贴息支付比例与全国平均贴息支付比例之间的差异，并依此作为确定分配系数的参照标准。如果一个地区的两项指标值都低于全国平均指标值，则应加大中央财政补助资金对这类地区的倾斜力度，从而通过财力水平的提升，带动地区财政贴息规模的扩大，发挥财政贴息对企业参与校企合作投资的正向激励作用。

（2）明确财政贴息的重点扶持行业领域

根据第 4 章财政贴息对不同行业企业参与校企合作投资的异质性影响检验结果，财政贴息对平稳增长型行业（行业总产值增速位于同期 GDP 的 120% 以内）企业参与校企合作投资的影响最为显著。为此，应进一步加大对制造业、电力、热力、燃气及水、建筑业、批发零售业、交通运输业、仓储和邮政业、住宿和餐饮业、金融业等平稳增长型行业企业的财政贴息力度，促进这些行业企业降低融资成本，提高投资收益率，进而增强对产教融合实训基地项目建设的投资意愿和动力。

（3）提高贴息方式选择的灵活性

基于第 3 章贴息方式的选择不利于改善企业融资约束的问题，应针对不同行业、不同规模及不同发展期企业的融资需求，采取明补和暗补有主有次、互相结合的方式。鉴于中小企业占比较高，应重点完善对中小企业的财政贴息方式，通过增加暗补路径提升其资信等级与缓解其融资约束，从而有效发挥中小企业在社会经济发展中的作用。同时，根据第4章贴息方式对企业参与校企合作项目建设期投资影响的实证回归结果，发现同一贴息方式对不同经营状况企业参与校企合作投资会产生异质性影响。因此，在贴息方式的选择上，各级财政应权衡明补方式与暗补方式的比较优势，赋予企业更多的自主选择权，由企业根据自身需求来选择对其发展有利的财政贴息方式。

（4）合理设定贴息参考贷款利率

根据第3章研究内容，各个省份目前的贴息参考标准不尽一致，有的省份参考贷款合同利率贴息，有的省份参考贷款本金的一定比率贴息，还有的省份参考贷款基准利率贴息。参考贷款合同利率贴息会导致财政贴息的非公平性和效率低下的问题，因此应适当减少以贷款合同利率为贴息参考标准。参考贷款本金的一定比率贴息需权衡地方财力与市场利率的关系，事实上，贴息比率的确定往往存在一定难度。对任何企业而言，贷款基准利率 *LPR* 具有同一性（全国银行间同业拆借中心发布数据），因此，应鼓励更多省份参考贷款基准利率贴息。另外，根据第4章实证研究结论，参考贷款基准利率贴息对不同企业投资的异质性影响较小。因此，为了确保财政贴息的公平性与效率性，各级财政也应参考贷款基准利率给予企业贴息补助。随着金融市场的货币供求变化，贷款基准利率也会呈现周期性波动，中长期贷款应参考最新的贷款基准利率适时调整贴息参考贷款利率。

（5）增强贴息支付期选择的弹性

根据第3章财政贴息的实施状况分析，目前，全国选择分期分次贴息的省份较少，大部分省份都选择到期一次性贴息，而到期一次性贴息却存在不利于企业资金周转的问题。为了避免到期一次性贴息对企业流动资金的不利影响，促进企业加快产教融合实训基地项目的实施进度，应鼓励更多省份采用分期分次贴息，特别是对现金流短缺、资金周转较为困难的中小企业，应优先加以实施分期分次贴息。根据第4章贴息支付期对企业参与校企合作项目建设期投资影响的实证回归结果，相比到期一次性贴息，分期分次贴息有利于改善企业融资约束并提升企业投资能力。基于此，为了促进企业持续增加校企合作投资，各级财政应尽可能地采取分期分次贴息，从而有效发挥财政贴息的正向激励效应。

7.2.2　提升政府购买服务质效以引导企业参与校企合作项目运营期投资

根据第3章企业参与校企合作项目运营期投资的政府购买服务现状和问题及第5章政府购买服务对企业投资影响的实证研究结论，完善政府购买服务政策应将重点置于以下五个方面。

（1）构建不同地区政府购买服务均衡的中央财政补助机制

根据第 3 章地区财力较为薄弱的省份无法满足企业的预期投资目标，以及第 5 章政府购买服务对不同地区企业投资的异质性影响检验，政府购买服务对一类地区（北京、上海、广东、江苏、浙江及福建）企业投资的影响系数最大。地方相对购买财力等于在校生数量排名与一般公共预算收入排名之比，其中，高职院校在校生数量排名反映服务需求规模，一般公共预算收入排名反映地方财力。若地方相对购买财力小于 1，就反映地方财力难以支撑购买职业技能培训服务，因此，需要中央财政构建平衡不同地区政府购买服务差异的专项补助。

（2）明确政府购买服务的重点支持行业领域

根据第 3 章政府购买服务的市场化运行机制问题，难以吸引平均利润率水平较高的行业企业，以及第 5 章政府购买服务对不同行业企业参与校企合作项目运营期投资的异质性影响检验结果，就会发现政府购买服务对行业利润率处于中等水平的企业影响效应最大。究其原因，当行业利润率处于低水平时，企业参与校企合作的投资能力将会受限；反之，当行业利润率处于高水平时，企业参与校企合作的投资机会成本将会升高，进而挤压企业投资倾向。为了进一步吸引信息传输、软件和信息技术服务业、房地产业及建筑业等平均利润率水平较高的行业企业参与校企合作项目运营期投资，地方财政应加大政府购买服务支持力度。

（3）规范政府购买服务定价

政府购买服务的定价形成机制较为复杂，因为其定价要同时兼顾市场规则和预算规则的约束。根据第 3 章政府购买服务定价方面存在的问题及第 5 章实证研究结论，政府购买服务定价既要满足预算约束，又不能超出高职院校提供实训教学服务的财政预算拨款额度，因而需要进一步合理确定政府购买服务定价的预算上限、预算下限及预算浮动区间。

①合理确定政府购买服务的预算上限。职业技能培训服务属于 I 类基本公共服务，原本由政府供养高职院校提供职业技能培训服务，后因企业生产实践教学资源的比较优势，改由企业提供职业技能培训服务。因此，政府购买服务定价的预算上限可参考高职院校提供实训教学服务的财政预算拨款额度。

②合理确定政府购买服务的预算下限。一般来说，政府购买服务定价往往不能低于企业的最低保本价格，最低保本价格等于固定投资成本除以预期销量（政府购买服务数量），再加上单位变动成本。若政府购买服务数量能够达到企业的预期保本销量，企业就会持续增加各类要素投资。基于此，政府购买服务定价的预算下限可参考企业提供职业技能培训服务的最低保本价格。

③合理确定政府购买服务的预算浮动区间。企业提供职业技能培训服务的最

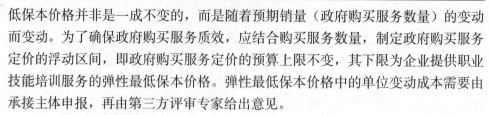
低保本价格并非是一成不变的，而是随着预期销量（政府购买服务数量）的变动而变动。为了确保政府购买服务质效，应结合购买服务数量，制定政府购买服务定价的浮动区间，即政府购买服务定价的预算上限不变，其下限为企业提供职业技能培训服务的弹性最低保本价格。弹性最低保本价格中的单位变动成本需要由承接主体申报，再由第三方评审专家给出意见。

（4）完善调整政府购买服务方式

根据第3章政府购买服务方式问题，以及第5章实证检验公开招标、竞争性磋商、邀请招标及单一来源方式下政府购买服务对企业投资额的影响系数，会发现公开招标竞价方式下最有利于促进企业投资。基于此，应适度调整产教融合型企业的认定条件，促使职业技能培训服务达到公开招标条件，以便更好地发挥公开招标在市场竞争机制下的公开、公平、公正的作用。同时，适当减少邀请招标方式以提高政府购买预算资金的使用效益，并增强竞争性磋商方式的客观性和公正性。同时，在规范公开招标购买服务方式方面，地方政府应鼓励公办高职院校统筹职业技能培训服务需求，委托招标代理机构进行联合集中购买，统一委托第三方代理机构发布招标公告，通过集中开标与评标节约政府购买服务资金。

（5）优化政府购买服务组织形式

基于第3章政府购买组织形式尚存在的问题，以及第5章政府购买服务对企业参与校企合作项目运营期投资影响的基准回归结果和中介效应回归结果，得出相比分散购买组织形式，集中购买组织形式更有利于企业投资。基于此，应适当减少采用分散购买组织形式，健全联合集中购买组织形式的运行机制，着力解决招投标环节的信息不对称与委托代理问题，以及评标不公正性问题，保障处于信息劣势的购买服务方的利益。具体而言，一是限制招标代理人的逆向选择行为。随着大数据技术的不断推广，招标方应利用可视化数据，广泛收集、甄别和比对招标代理人提供的承接供应商信息，促使招标代理人严格履行招标责任。二是限制评标环节的徇私舞弊行为。产教融合型企业应采取匿名式投标，严格审核企业的投标评审资格，依法保障政府购买服务评标的公正性。三是限制中标方企业的道德风险行为。委托方应通过项目阶段性验收促进中标方企业按照契约合同完成工作任务，此外，还应建立健全项目阶段性验收的量化考核指标体系。

7.2.3　扩大教育专项基金政策的惠及面以有效补偿企业投资的机会成本

根据第3章抵免教育专项基金政策的实施现状与主要问题，以及第6章的实证研究结论，完善抵免教育专项基金应从以下三个方面入手。

（1）构建不同地区教育基金收入均衡的中央财政补助机制

根据第 3 章抵免方式本身可能无法惠及不同地区企业，以及第 6 章抵免教育专项基金对不同地区企业投资的异质性影响检验，抵免教育专项基金对一类地区（地方教育专项基金收入占比全国数超过 5% 的省份）企业参与校企合作项目建设期和运营期投资的影响系数最高。为了平衡地方教育专项基金收入差异对企业投资的不利影响，中央财政应构建平衡不同地区教育基金收入差异的专项补助。中央财政在分配补助资金时，应充分考虑各地区抵免教育专项基金与全国平均抵免教育专项基金之间的差异，以及各地区教育专项基金收入与全国平均教育专项基金收入之间的差异，并依此作为确定分配系数的参照标准。若一个地区的教育专项基金收入占比全国数低于 3%（三类地区、四类地区），而且该地区抵免教育专项基金数高于全国平均抵免教育专项基金数，则应加大中央财政补助资金对这类地区的倾斜力度，从而促进抵免教育专项基金对企业参与校企合作投资的正面效应。

（2）实行弹性投资抵免率

针对第 3 章关于 30% 的投资抵免率不足以补偿所有行业企业参与校企合作投资的机会成本问题，以及第 6 章抵免教育专项基金对不同行业企业参与校企合作项目建设期和运营期投资机会成本影响的回归结果，抵免教育专项基金对平均销售毛利率位于中等水平（$15\% < IASGM \leq 30\%$）的企业影响最为显著。为了引导平均销售毛利率位于高水平（$IASGM > 30\%$）的企业参与校企合作投资，中央财政应给予地方财政适当的权限，准予地方财政参考不同行业主营业务的平均销售毛利率，重新调整不同行业企业的投资抵免率。此外，对于结转至以后年度继续抵免的投资额，准予地方财政参考同期贷款基准利率上调投资抵免率，从而更好地发挥抵免教育专项基金政策在促进企业投资方面的积极作用。

（3）建立专项教育拨款

基于第 3 章关于抵免方式本身不足以惠及所有企业与不同经营状况企业的投资问题，以及第 6 章抵免教育专项基金对不同经营状况企业参与校企合作项目建设期和运营期投资机会成本影响的回归结果，抵免方式对适用 13% 增值税税率且涉及消费税的企业最为有利。为了引导不同经营状况企业参与校企合作投资，对未抵免部分的校企合作投资额，地方财政应构建专项教育拨款机制。中央财政应给予地方财政适当的权限，准予地方财政通过建立专项教育拨款来支持企业参与校企合作投资。此外，专项教育拨款机制还可用以支持企业在宏观"减税降费"政策背景下参与校企合作投资，支持适用 9% 和 6% 增值税税率的企业参与校企合作投资，以及支持出口加工企业、保税区或免税企业参与校企合作投资。

参考文献

[1] 鲍劲翔. 财政教育支出效率与公共教育服务政府采购 [J]. 山西财经大学学报（高等教育版），2006（2）：1-4.

[2] 丛广林，苑银和. 国际视域高等职业教育校企合作实践研究及启示 [J]. 黑龙江高教研究，2019（6）：75-79.

[3] 陈振明. 公共政策分析 [M]. 北京：中国人民大学出版社，2003.

[4] 陈小满，刘冰月. 德国双元制模式对我国职业教育经费投入的启示 [J]. 鸡西大学学报，2015（2）：29-31.

[5] 财政部国库司，财政部条法司，财政部政府采购管理办公室，国务院法制办公室财金司.《中华人民共和国政府采购法实施条例》释义 [M]. 北京：中国财政经济出版社，2015.

[6] Gary S. Becker. 人力资本（原书第 3 版）[M]. 8 版. 陈耿宣，译. 北京：机械工业出版社，2016.

[7] 陈瑜. 政府购买教育服务存在的问题与对策研究 [J]. 经济师，2021（1）：7-8.

[8] 陈岳堂，首家荣. 政府购买职业培训服务的博弈关系研究 [J]. 湘潭大学学报（哲学社会科学版），2019（5）：47-52.

[9] 陈媛，祁占勇. 国外职业教育立法的实践探索及其启示 [J]. 武汉职业技术学院学报，2019（6）：40-45.

[10] 陈令霞. 混合所有制办学视域下对"深化产教融合、校企合作"的思考 [J]. 佳木斯职业学院学报，2020（2）：103-104.

[11] 陈文焱，王婷婷. 地方财力的主要决定因素及影响机制分析——以 G 省为例 [J]. 中国集体经济，2021（31）：74-75.

[12] 成蕾. 创新激励政策对企业技术创新的影响研究——基于 NK-DSGE 模型 [D]. 长春：东北师范大学，2022.

[13] 崔军，张雅璇. 政府购买服务定价的核心推定与策略安排 [J]. 行政管理改革，2016（8）：47-52.

[14] 崔驰，陈新忠. 德国"双元制"职业教育产教融合的特点及启示 [J]. 继续

教育研究，2021（8）：79-83.

[15] 大卫·N.海曼. 公共财政：现代理论在政策中的应用 [M]. 章彤，译. 北京：中国财政经济出版社，2001.

[16] 曹靖，魏晓红，台郑哲. 政企关系与产教融合型企业成长——基于积极差别制度环境的视域 [J]. 职业技术教育，2021（34）：52-59.

[17] 戴天柱. 公共品提供和配置中的博弈行为研究 [J]. 经济学动态，2000（4）：59-61.

[18] 丁菊红. 中国转型中的财政分权与公共品供给激励 [M]. 北京：经济科学出版社，2010.

[19] 段致平，王升，池卫东. 市场视域下职业教育校企合作的政策研究 [J]. 中国职业技术教育，2015（6）：65-69.

[20] 邓金霞. 政府购买服务：演化路径及其条件——以上海职业培训服务社会化历程为例 [J]. 上海行政学院学报，2019（2）：22-32.

[21] 董春利，房薇. 高职产教融合新形式"实践教学外包"的研究 [J]. 辽宁高职学报，2019（12）：55-60.

[22] 董树功，艾顿. 公共品提供和配置中的博弈行为研究 [J]. 中国职业技术教育，2020（1）：56-61.

[23] 董鸣燕. 论政府购买教育服务的制度建设与合同设计——基于对国外经验的借鉴与反思 [J]. 中国教育学刊，2016（9）：11-15.

[24] 范世祥. 财政支持广西职业教育校企合作的政策研究 [J]. 经济研究参考，2016（6）：19-25.

[25] 方建锋. 国内外政府购买教育服务的实践形式和约束机制 [J]. 教育发展研究，2018（3）：44-50.

[26] 高跃光，范子英，冯晨. 义务教育专项融资与教育投入：基于开征地方教育附加的研究 [J]. 管理世界，2023（2）：72-82.

[27] 郭杰. 乘数效应、挤出效应与政府支出结构调整 [J]. 经济理论与经济管理，2004（4）：27-31.

[28] 郭建如. 高职教育的办学体制、财政体制与政校企合作机制 [J]. 高等教育研究，2015（10）：56-63.

[29] 顾金峰，程培埕. 校企合作失灵：原因和矫正措施 [J]. 苏州农业职业技术学院学报，2013（3）：36-42.

[30] Gary S. Becker. 人力资本理论——关于教育的理论和实证分析 [M]. 郭虹，等，译. 北京：中信出版社，2007.

[31] 何雯. 高职教育产学合作模式的中外比较及启示 [J]. 理论导刊，2011（10）：

90-93.

[32] 何文明. 产教融合的关键是要素的融合 [J]. 江苏教育，2019（20）：42-43.

[33] 和震. 职业教育校企合作中的问题与促进政策分析 [J]. 中国高教研究，2013（1）：90-93.

[34] 黄沁. 我国教育费附加问题研究 [D]. 北京：中国财政科学研究院，2019：20-65.

[35] 黄亚宇. 职业院校混合所有制办学亟须依法防范风险 [J]. 教育科学论坛，2022（12）：113-115.

[36] 黄侃. "共生理论"视域下高职校企共建校内生产性实训基地建设成效的影响因素及提升策略研究 [J]. 职业技术教育，2022（11）：74-80.

[37] 胡颖蔓，汪次荣. 产教融合型企业政策激励机制的建立研究 [J]. 创新创业理论研究与实践，2020（2）：164-165.

[38] 胡丽娜. 我国装备制造业转型升级面临的挑战与财政支持政策 [J]. 长白学刊，2023（1）：113-122.

[39] 霍艳杰. 高职院校混合所有制二级学院办学困境与对策 [J]. 大学，2020（25）：158-160.

[40] 吉恩·希瑞克斯，加雷恩·D. 迈尔斯. 中级公共经济学 [M]. 张晏，译. 上海：上海人民出版社，2008.

[41] 季俊杰. 新时代教育费改税及教育税制设计 [J]. 江西社会科学，2019（11）：237-245.

[42] 季仕锋. 澳大利亚与中国职业教育经费投入比较——基于多元化投资视角 [J]. 广东交通职业技术学院学报，2020（12）：70-73.

[43] 蒋洪，朱萍，等. 公共经济学 [M]. 上海：上海财经大学出版社，2006：20-156.

[44] 柯轶凡. 福建省高职院校混合所有制办学路径探索 [J]. 现代计算机，2020（11）：71-74.

[45] 卢馨，郑阳飞，李建明. 融资约束对企业 R＆D 投资的影响研究——来自中国高新技术上市公司的经验证据 [J]. 会计研究，2013（5）：51-58.

[46] 乐乐，胥郁. 我国职业教育混合所有制办学研究的特征和趋势——基于2014—2019 年研究成果的可视化分析和文献分析 [J]. 职教通讯，2020（1）：26-33.

[47] 李宝元. 人力资本论——基于中国实践问题的理论阐述 [M]. 北京：北京师范大学出版社，2009.

[48] 李俊生. 外国财政理论与实践 [M]. 北京：高等教育出版社，2011.

[49] 李海燕. 投资决策中的机会成本分析 [J]. 企业研究, 2013 (7): 139-140.

[50] 李军. 民贸民品企业贷款贴息政策分析与建议 [J]. 财政监督, 2015 (12): 50-53.

[51] 李明乾. 财政贴息贷款现状、存在问题及政策建议 [J]. 金融经济, 2018 (4): 158-159.

[52] 李玉倩, 陈万明. 产教融合的集体主义困境: 交易成本理论诠释与实证检验 [J]. 中国高教研究, 2019 (9): 67-73.

[53] 李克. 建设培育产教融合型企业——以吉林省为例 [J]. 宏观经济管理, 2020 (2): 80-85.

[54] 李明富, 张燕. 地方政府推动职业院校和行业企业形成命运共同体的主体责任探析 [J]. 中国职业技术教育, 2020 (31): 73-78.

[55] 李立, 滕谦谦. 职业教育混合所有制办学中的利益相关者博弈 [J]. 职教通讯, 2020 (1): 19-25.

[56] 李林森, 丁春莉. 公办高职院校混合所有制办学探索实践——以陕西交通职业技术学院为例 [J]. 陕西教育 (高教), 2020 (1): 66-67.

[57] 李薪茹. 政府购买职业教育服务的实践方式、困境及优化路径 [J]. 江苏高教, 2020 (3): 103-108.

[58] 李新华. 高职教育协同供给机制的审思与建构——基于准公共产品供给机制的分析 [J]. 职教发展研究, 2021 (2): 32-40.

[59] 李强. 建设产教融合型企业的逻辑起点、现实壁垒及推进策略 [J]. 职教通讯, 2021 (3): 15-21.

[60] 李伟娟. 高职院校校企合作激励机制研究 [J]. 黄河水利职业技术学院学报, 2022 (10): 70-74.

[61] 李毅. 平台式购买: 政府购买服务的一种新型策略——基于交易成本理论的分析 [J]. 安徽大学学报, 2022 (6): 137-146.

[62] 李平. 融资约束、管理者能力与企业资本错配 [J]. 财会通讯, 2023 (10): 76-79.

[63] 卢洪友, 刘京焕. 地方性公共品供给制度创新研究 [J]. 中南财经政法大学学报, 2003 (4): 12-16.

[64] 罗音. 浅议职业教育校企合作的财税政策规划 [J]. 中国成人教育, 2014 (20): 74-76.

[65] 罗汝珍, 谢露静, 唐小艳. 职业教育产教融合政策执行成效的评价研究 [J]. 成人教育, 2023 (9): 70-74.

[66] 刘明慧. 外国财政制度 [M]. 3 版. 大连: 东北财经大学出版社, 2008.

[67] 刘玉山，汪洋，吉鹏．我国政府购买职业教育服务的运行机理、实践困境与发展路径 [J]．教育发展研究，2014（19）：13-19．

[68] 刘海桑．政府采购、工程招标、投标与评标 1200 问 [M]．2 版．北京：机械工业出版社，2016．

[69] 刘书明，李文康，师宇．中国地方财力差异的区域结构特征、变化趋势与影响因素——基于 2007—2017 年省级数据的实证分析 [J]．宏观经济研究，2019（11）：47-62．

[70] 刘叶芬，吴云勇．发达国家政府购买高等教育服务的经验借鉴与启示 [J]．山西大同大学学报（社会科学版），2020（2）：132-135．

[71] 刘奉越，王冰璇．我国产业学院政策变迁的历史制度主义分析 [J]．教育学术月刊，2023（7）：3-10．

[72] 雷童．税收优惠政策的就业效应研究 - 微观的视角 [D]．济南：山东大学，2021．

[73] 梁韦娟．应用型高校混合所有制办学的可行性及路径研究 [J]．湖南邮电职业技术学院学报，2021（1）：122-125．

[74] 柳志．促进湖南职业教育校企合作的财税政策研究 [J]．财务与金融，2017（4）：79-85．

[75] 柳志．构建促进湖南职业教育校企合作财税政策体系研究 [J]．商业文化，2018（12）：39-42．

[76] 蓝洁，杨蓁蓁．产教融合型企业建设培育政策研究——基于省级政策的比较 [J]．当代职业教育，2022（3）：28-35．

[77] 雷小波，李可欣，余奇．我国高等职业教育校企合作政策研究——基于 61 份国家政策文本的量化分析 [J]．宁波大学学报（教育科学版），2023（5）：17-25．

[78] 曼昆·N．Gregory Mankiw．经济学原理微观经济学分册与宏观经济学分册 [M]．6 版．梁小民，梁砾，译．北京：北京大学出版社，2012．

[79] 满晓琳，郭忠亭．职业院校混合所有制改革实践中的问题分析和政策建议 [J]．教师，2020（20）：7-8．

[80] 宁亚勤，傅琼．激励与规约：产教融合型企业认定评价探索 [J]．上海教育评估研究，2019（6）：67-70．

[81] 聂大勇．高职院校政行企校混合所有制办学机制探析 [J]．现代职业育，2020（5）：124-125．

[82] 潘书才．职业教育校企合作的国际比较及经验借鉴——基于德国、美国、日本三国的分析 [J]．常州信息职业技术学院学报，2021（1）：5-8．

[83] 彭学琴. 制度理性选择理论视角下职业教育校企合作办学研究 [J]. 高等职业教育探索，2022（11）：29-36.

[84] 秦中应. 政府购买职业教育服务的运作逻辑、困境与出路 [J]. 继续教育研究，2018（8）：83-89.

[85] 钱学亚. 人力资本水平方法与实证 [M]. 北京：商务印书馆，2011.

[86] 钱晔. 货币银行学 [M]. 6 版. 大连：东北财经大学出版社，2019.

[87] 邱文杰. 促进企业参与产教融合的税收政策研究 [D]. 武汉：中南财经政法大学，2021.

[88] 邱静. 建设培育产教融合型企业的政策工具差异性研究——基于 26 个省（市、自治区）相关政策文 [J]. 职业技术，2022（6）：58-63.

[89] 任陈伟. 高职混合所有制办学治理难题的症结研究 [J]. 中国多媒体与网络教学学报（中旬刊），2021（12）：172-174.

[90] 任肖. 高职教育校企合作资助育人模式研究 [J]. 商业教育，2022（12）：120-122.

[91] 孙开. 公共经济学 [M]. 武汉：武汉大学出版社，2017.

[92] 孙开. 地方财政学 [M]. 2 版. 北京：经济科学出版社，2008.

[93] 孙开，刘明慧，张海星，等. 公共支出管理 [M]. 大连：东北财经大学出版社，2009.

[94] 孙长远，庞学光. 论职业教育的产品属性及其产品属性的可赋予性 [J]. 江苏高教，2016（6）：151-154.

[95] 孙慧. 关联财务公司、自由现金流与过度投资 [J]. 湘南学院学报. 2022（10）：56-63.

[96] 宋洁. 公办高职院校二级学院"混合所有制"办学探讨 [J]. 国际公关，2020（5）：119-122.

[97] 唐清泉，肖海莲. 融资约束与企业创新投资、现金流敏感性 [J]. 南方经济，2012（11）：40-54.

[98] 唐佩，龙建佑. 职业教育校企合作政策法规探析：基于比较的视角 [J]. 顺德职业技术学院学报，2014（3）：37-41.

[99] 唐佩. 行业组织参与职业教育的路径研究——基于政府购买服务视角 [J]. 教育文化论坛，2016（5）：58-62.

[100] 王群勇，柯岩. 我国政府购买拍卖的定价机制研究 [J]. 经济评论，2013（6）：52-58.

[101] 王彦，赵秋冉. 政府购买服务实务研究——以辽宁为例 [J]. 东北财经大学学报，2015（1）：55-61.

[102] 王雪明．财政投入对企业科技创新影响的效应研究——基于直接补贴与财政贴息的差异性分析 [D]．天津：天津财经大学，2017．

[103] 王贵斌．荷兰职业教育与培训运行机制、投资机制及经验启示 [J]．职教论坛，2019（6）：170-176．

[104] 王兆华，许世建．利益相关者视角下职业教育校企合作财税支持政策研究——基于 NVivo 的政策文本分析 [J]．职业技术教育，2019（18）：48-53．

[105] 王娜，张吉．校企合作的经济意义研究 [J]．中国集体经济，2022（33）：74-76．

[106] 王新知．产教融合视域下高职院校校企合作耦合式发展的困境及其对策 [J]．清远职业技术学院学报，2022（9）：72-77．

[107] 王明．我国教育费附加制度改革问题研究 [D]．北京：中国财政科学研究院，2022．

[108] 王雨柔，冉云芳．产教融合型企业建设培育政策的问题透视与优化路径——基于政策文本的分析 [J]．中国职业技术教育，2023（22）：38-47．

[109] 王坤，魏澜．基于 PMC 指数模型的产教融合政策量化评价及优化路径 [J]．成人教育，2023（8）：63-72．

[110] 王丽娟．促进中小企业发展的财政支持政策研究 [J]．财讯，2023（7）：19-22．

[111] 汪栋，蒋劭杰．我国教育税收管理制度改革的路径选择 [J]．税务研究，2017（3）：115-120．

[112] 伍慧萍．当前德国职业教育改革维度及其发展现状 [J]．比较教育研究，2021（10）：38-46．

[113] 吴伟．公共物品有效提供的经济学分析 [M]．北京：经济科学出版社，2008．

[114] 吴亚军．中外政府在高职校企合作教育中的作用和角色比较研究 [J]．中国成人教育，2010（7）：86-87．

[115] 吴海建．辽宁省新能源产业发展的财政支持政策研 [D]．大连：东北财经大学，2015．

[116] 吴丹．融资约束对企业 R＆D 投资影响的实证研究——基于产权与产业视角 [J]．科技管理研究，2016（22）：102-108．

[117] 吴华．政府采购实务操作：常见问题与相关案例分析 [M]．北京：中国法制出版社，2018．

[118] 吴建平，刘厚兵．实例解析现行教育附加和地方教育附加优惠政策 [J]．税收征纳，2019（8）：46-48．

[119] 吴金铃. 企业参与职业教育校企合作的成本构成及补偿机制构建 [J]. 教育与职业, 2020（1）: 48-54.

[120] 温跃. 关注小企业贴息贷款零发放现象 [J]. 金融时报, 2007（3）: 1-2.

[121] 温忠麟. 中介效应分析: 方法和模型发展 [J]. 心理科学进展, 2014（5）: 731-745.

[122] 西绕甲措. 西藏财政贴息政策研究——基于异质性 DSGE 分析框架 [D]. 拉萨: 西藏大学, 2019.

[123] 肖健. 劳动密集型小企业贴息贷款发放"负增长"现象值得关注 [J]. 中国农村金融, 2012（1）: 62-64.

[124] 肖丹. 基于 ARIMA 模型的四川省 GDP 分析与预测 [J]. 生产力研究, 2023（10）: 62-66.

[125] 项桂娥, 吴铖铖, 胡晓明. 融资决策、融资约束与企业创新投资——基于创业板上市公司的经验证据 [J]. 现代管理科学, 2021（12）: 57-67.

[126] 向羽, 张和清. 政府购买服务准市场化的异化与中国特色社会工作发展道路反思 [J]. 社会科学文摘, 2023（5）: 100-102.

[127] 谢华. 现金流敏感性与企业投资行为研究——基于融资约束和财务柔性角度 [J]. 财会月刊, 2015（3）: 13-18.

[128] 谢戎蓉, 李维颖. 利率市场化、融资结构与企业创新投资——以制造业上市公司为例 [J]. 市场周刊, 2022（11）: 89-92.

[129] 于晓燕, 孔敏, 刘金龙. 贴息贷款对社会投资的拉动及效益分析——基于山东林业贴息贷款的实证研究 [J]. 山东林业科技, 2020（1）: 76-79.

[130] 于家淇, 廖志高. 中德日产业学院治理结构的对比分析及启示 [J]. 商业观察, 2021（21）: 10-13.

[131] 阮小葭, 彭朝晖. 高等职业院校混合所有制办学的理论探析 [J]. 高教论坛, 2020（1）: 53-56.

[132] 杨清. 高职院校混合所有制 PPP 办学模式可行性探究 [J]. 科技经济市场, 2020（6）: 131-132.

[133] 杨茗. 关于教育税替代教育费附加的探讨 [J]. 北方经贸, 2014（11）: 97-101.

[134] 杨平平. 基于成本视角的政府购买服务研究 [J]. 中国管理会计, 2022（2）: 93-103.

[135] 杨广俊. 产教融合型企业激励政策优化及推进路径 [J]. 中国职业技术教育, 2022（12）: 91-96.

[136] 叶永卫, 梁燚焱. 人力资本投资税收激励与企业创新——来自职工教育经

费税前扣除政策的证据 [J]. 财政研究, 2023（7）: 115-129.

[137] 袁娟. 国外校企合作的成功经验对地方政府的启示 [J]. 继续教育研究, 2014（10）: 141-142.

[138] 闫海, 兰天. 财政法视阈下教育费附加制度的问题与出路 [J]. 教育财会研究, 2021（10）: 51-57.

[139] 颜敏娜. 促进我国职业教育产教融合的税收政策研究——基于一般税收优惠和学徒税的比较探讨 [D]. 上海: 上海财经大学, 2020.

[140] 占韦威. 企业投资——现金流敏感性与融资约束和代理成本的关系 [J]. 重庆科技学院学报（社会科学版）, 2022（1）: 47-57.

[141] 曾阳, 黄崴. 政府干预职业教育校企合作的限度及其改进 [J]. 现代教育管理, 2016（5）: 73-78.

[142] 曾阳. 企业参与职业教育校企合作的动力机制分析及借鉴——以德国"双元制"为例 [J]. 职教论坛, 2020（11）: 7-11.

[143] 朱倩倩. 高职院校混合所有制办学公私性质冲突与矛盾化解 [J]. 中国高教研究, 2021（11）: 103-108.

[144] 朱倩. 英国学徒税制度: 现状、问题与发展趋势 [J]. 职教通讯, 2021（7）: 24-29.

[145] 赵涛, 马焕灵. 实施财政支持政策促进高校校企合作 [J]. 中国高等教育, 2012（20）: 58-60.

[146] 赵海婷. 企业参与职业教育校企合作的动因、障碍及促进政策研究 [J]. 职教论坛, 2016（9）: 46-50.

[147] 钟真. 高职院校校企合作法治化模式研究 [J]. 当代教育论坛, 2016（6）: 90-96.

[148] 詹姆士·丁. 海克曼. 提升人力资本投资的政策 [M]. 曾湘泉, 等, 译. 上海: 复旦大学出版社, 2003.

[149] 詹姆斯·M. 布坎南. 公共物品的需求与供给 [M]. 马珺, 译. 上海: 上海人民出版社, 2009.

[150] 张斌. 比较视阈下企业参与校企合作的激励与保障机制研究 [J]. 职教通讯, 2014（13）: 51-55.

[151] 张海星, 张宇. PPP 模式: 多维解构、运作机制与制度创新 [J]. 宁夏社会科学, 2015（11）: 83-89.

[152] 张瑞, 徐涵. 英国职业教育校企合作保障措施研究 [J]. 职教通讯, 2017（22）: 50-53.

[153] 张淑娟. 我国教育税收政策改革研究 [J]. 国际税收, 2019（3）: 77-80.

[154] 张景，周高鹏. 政府购买职业教育理论研究 [J]. 中外企业家，2019（28）：187-190.

[155] 张晓湘. 政府购买职业教育顶岗实习服务的经济学思考 [J]. 岳阳职业技术学院学报，2022（5）：7-11.

[156] 张晓湘，周劲松. 产教融合背景下高职院校合作产权重组：政策需求与机制创新 [J]. 职教通讯，2023（5）：72-78.

[157] 张瑾，樊鸿伟. 教育投入、人力资本存量对经济增长的影响研究 [J]. 中国物价，2023（7）：35-38.

[158] 张子法，王雨洁. 新时代产教融合人才培养政策回顾与展望——基于政策工具的文本分析 [J]. 浙江大学学报（人文社会科学版），2022（12）：104-114.

[159] 褚少琨. 政府购买公共服务定价研究的最新进展 [J]. 河北企业，2017（6）：115-116.

[160]Axel Lindner. Modelling the German system of vocational education[J]. Journal of Labour Economics, 1998, 5(4): 411-423.

[161]Aroge Stephen Talabi. Employee's Training and Development for Optimum Productivity: The Role of Industrial Training Fund (ITF), Nigeria[J]. Journal of Developing Country Studies , 2012.

[162]Abebe Yehua, lawork Malle. Inclusiveness in the Vocational Education Policy and Legal Frameworks of Kenya and Tanzania[J]. Journal of Education and Learning, 2016, 5(4): 53-53.

[163]Antonio Martín Artiles. The rhetoric of Europeanisation of dual vocational education and training in Spain[J]. European Review of Labour and Research , 2020, 26(1): 73-90

[164]Blundell R, Bond S. Initial conditions and moment restrictions in dynamic panel data models[J]. Journal of econometrics, 1998, 87(1): 115-143.

[165]Blankenau, W F, Simpson N B. Tomljanovich. Public Education Expenditures, Taxation and Growth: Link Data to Theory[J]. Journal of American Economic Review, 2007(97): 393-397.

[166]Charles S. Benson, E. Gareth Hoachlander. Reauthorization of the Federal Vocational Education Act: Possible Directions[J]. Journal of Education Finance. 1981, 7(1): 14-43.

[167]Ciro A. Rodríguez. Industry and university cooperation to enhance manufacturing education[J]. Journal of Manufacturing Systems, 2005, 24(3): 277-287.

[168]CHO Jin Ho. A Study On Policy Evaluation for Policy Output Stage of Meister High Schools[J]. Journal of Fishries and Marine Sciences Education, 2018, 30(2): 452-462.

[169]Eric Berko-Aidoo. Compliance with the public procurement act 2003, (Act 663) among public entities in the Asante Akim North Municipality[J]. Journal of Research in Social Sciences, 2018, 8(1): 1-20.

[170]Guijia Fan. Exploration and Research of Vocational Education Industry College based on Regional Industry[C]. The 6th International Conference on Science and Technology Innovation and Education Development, 2022.

[171]Herr Edwin L.The implementation of the Carl D. Perkins Vocational Education Act in a large industrial state: Pennsylvania[J]. Journal of Economics of Education Review, 1989, 8(1): 83-92.

[172]Hichem Klabi, Sehl Mellouli, Monia Rekik. A reputation based electronic government procurement model[J]. Journal of Government Information Quarterly, 2018, 35(4): S43-S53.

[173]Ian Y. Blount, James A. Hill. Supplier diversification by executive order: Examining the effect reporting compliance, education and training, outreach, and proximity to leadership have on government procurement behavior with minority business enterprises[J]. Journal of Purchasing and Supply Management, 2015, 21(4): 251-258.

[174]Irawan A, Pratama A W, Rachmanita R E. The Effect of the Implementation of Teaching Factory and Its Learning Involvement toward Work Readiness of Vocational School Graduates[C]. IOP Conference Series: Earth and Environmental Science,2022 , 980(1).

[175]Jinyoung Yu, A Study on the relation of Vocational Education Policies in Germany and in the European Union Since 2000[J]. Journal of European Integration, 2013(7): 23-56.

[176]Kapes Jerome T. Implementation of the Carl D. Perkins Vocational Education Act in Texas[J]. Journal of Economics of Education Review, 1989, 8(1): 93-105.

[177]Khawla, Shakhshir, Sabri. Vocational education policies and strategies as perceived by palestinian academics and technicians[J]. Research in Post-Compulsory Education, 1997, 2(2): 205-215.

[178]Mats Lindell, From conflicting interests to collective consent in advanced vocational education: policymaking and the role of stakeholders in Sweden[J].

Journal of Education and Work, 2004, 17(2): 257-277.

[179]Martin Pelucha, Viktor Kveton, Oto Potluka. Using mixed method approach in measuring effects of training in firms: case study of the European Social Fund support" [J]. Journalof Evaluation and Program Planning, 2018, 73: 146-155.

[180]Mats Lindell. From conflicting interests to collective consent in advanced vocational education: policy making and the role of stakeholders in Sweden[J]. Journal of Education and Work, 2019, 17(2): 257-277.

[181]Martínez Izquierdo Luis. Dual vocational education and training and policy transfer in the European Union policy: the case of work-based learning and apprenticeships[J]. Journal of Cogent Education, 2022(9):1.

[182]MartínezIzquierdo Luis. Dual Vocational Education and Training Systems' Governance Model and Policy Transfer: The Role of the European Union in Its Diffusion[J]. Journal of Social Sciences, 2022, 11(9): 403-405

[183]Nico Van Den Berg, Frans Meijers, Maarten Sprengers. More vocational education and supplementary training through equalization of costs? An analysis of a training and development fund in the Netherlands[J]. Journal of Human Resource Development International, 2006, 9(1): 5-24.

[184]Nwachukwu, Philip O. Poverty Reduction through Technical and Vocational Education and Training (TVET) in Nigeria[C]. Developing Country Studies , 2014.

[185]Patiniotis Nikitas, Stavroulakis Dimitris. The development of vocational education policy in Greece: a critical approach[J]. Journal of European Industrial Training, 1997, 21(6-7): 192-202.

[186]Roy Canning. The failure of competence-based qualifications: an analysis of work-based vocational education policy in Scotland[J]. Journal of Education Policy, 1998, 13(5): 625-639.

[187]Swaminathan P. Making sense of vocational education policies: A comparative assessment[J]. The Indian Journal of Labour Economics, 2005, 48(4): 537-551.

[188]Stephen Billett. Towards a Mature Provision of Vocational Education[J]. Journal of Training Research, 2013(2): 184-194.

[189]Sike Jin, Jiali Jin. Practice of the Operating Mechanism and Talent Cultivation of Mixed Ownership in Higher Vocational Colleges[J]. International Journal of Learning and Teaching, 2022, 8(3).

[190]Thomas Dessinger. The Evolution of the Modern Vocational Training Systems

in England and Germany: a comparative view[J]. Journal of Comparative and International Education, 1994, 24(1): 17-36.

[191]Xinqin Zhang. A Comparative Study on Implementation of Vocational Education Policies in Beijing and Manila[C]. 2018 the 2nd International Conference on Sports, Arts, Education and Management Engineering , 2018.

[192]Yao Jiaojiao, Ye Huiyun, Dang Lingling. Mbui Peter Kaume, The Status Quo, Characteristics and Challenges of Vocational Education Development in Kenya Under the Background of International Aid[J]. International Journal of African and Asian Studies, 2018, 50(0): 107-114.

[193]Yu JiJie. Discussion on the Efficiency and Benefit of Government Procurement in Colleges and Universities[C]. Proceedings of 2019 5th International Conference on Economics, Business, Finance, and Management, 2019.

[194]Yinan Chen, Beiyi Wang. The Analysis on Development Paths of Building Cooperative Educational Platform based on Group School Running[C]. 2020 International Conference on Humanities, Arts, and Social Sciences, 2020.